中國上古研究叢刊 4

古代邊疆民族與中央及諸夏之關係

彭友生　著

蘭臺出版社

目次

第一章　緒論

一、前言

中國經史以「夷、狄、戎、蠻」四字冠諸邊疆民族前後不一，各代有別，初有「種族」與「文化」之意味，繼有「地理」與「歷史」之異說，而其中又有「詆毀」之作用，更有「鄙視」之含意，由用之以呼稱「人」到呼稱「國」；由「東夷、西夷、南蠻、北狄」到「蠻夷、戎狄」並稱。然細加考析，既無固定分際；又乏特殊意義。蓋徵諸史籍，所謂邊疆民族之與諸夏，就血緣言，同宗異支而已，或非血族，亦乃近親；就地理言，華夷雜居，內外難分；就文化言，隨地異俗，各有千秋；就關係言，平等互惠，或並肩作戰，或彼此會盟，往往無分軒輊。嗣以公羊穀梁家之不諒解，孟子亦存偏見，以及當時政治家之離間和部份學人之優越感，因而形成「夷」「夏」強烈對立觀念。或征之侵之，或討之伐之，孰是孰非，春秋史傳已有詳論，本書再綜合述之，並陳個人管見，聊供治邊者參考而已，尚祈專家雅正。

二、夷、狄、戎、蠻字義數說

「夷、狄、蠻、戎」四字，並非邊疆民族之「專有」名號，亦非固定「種族」稱謂，其解釋異處異議，其用法異地異稱，含義有多種，稱謂有數說。茲分別列述之。

(一)夷

1.謂「夷」為東方之人

《書·堯典》：「分命羲仲宅嵎夷」《書·禹貢》：「嵎夷既略」。注者引薛氏曰：「嵎夷，今登州之地。」按即今之山東蓬

萊縣。（〈堯典〉：「夷，萊夷也。」）《後漢書・東夷傳》注引孔安國尚書注曰：「東方之地曰嵎夷。」

《孟子・離婁上》：「舜，東夷之人也。」

《大戴記・千乘》：「東辟之民曰夷。」

《公羊・隱公二年》：「東方曰夷。」

《禮記・王制》：「東方曰夷。」

《白虎通》：「東方為九夷。」

《說文》：「夷、平也，從大，從弓，東方之人也。」

2.謂「夷」為海外之民：

《淮南・原道》：「四夷，海外也。」

《辭源》：「東方曰夷，言外國之在東方者，引伸凡外國之稱。」

3.謂「夷」為四方之民

《春秋左氏・文公十六年》傳注：「夷為四方總號。」

《穀梁・序》：「四夷者：東夷、西戎、南蠻、北狄之總號。」

4.謂「夷」為「畿服以外之民」：

《周禮・大司馬》：「力千里曰國畿，其外方五百里曰侯畿，又其外方五百里曰甸畿，又其外方五百里曰男畿，又其外方五百里曰采畿，又其外方五百里曰衛畿，又其外方五百里曰蠻畿，又其外方五百里曰夷畿。」

《周禮・職方氏》：「方千里曰王畿，其外方五百里曰侯服，又其外方五百里曰甸服，又其外方五百里曰男服，又其外方五百里曰采服，又其外方五百里曰衛服，又其外方五百里曰蠻服，又其外方五百里曰夷服。」

　　《魏元丕碑》：「彝戎賓服，夷作彝」。

5.謂「夷」為西方人：

　　《孟子·離婁上》：「文王西夷之人也。」

6.謂「夷」為禮儀之別

　　《白虎通》：「夷者，蹲也，言無禮儀。或云：夷者柢也，言仁而好生，萬物柢地而出，故天性柔順，易以道御。」《後漢書·東夷傳》載同。

7.謂「夷」為生活方式之別

　　《前漢書·匈奴傳》，漢文帝答老上單于曰：「長城以北，引弓之國。」（按夷字由「一」、「人」、「弓」三字合成，意為以彎弓射獵為生之民。）

8.謂「夷」為詆毀之詞：

　　魏收撰《魏書》將南朝劉裕、蕭道成、蕭衍列為「島夷傳」。

(二)戎

1.謂「戎」為「兇、強、兵」之意。

　　《易·象下傳》：「戎、兵也。」

　　《說文》：「戎、兵也，戎戈，從甲。」

　　《白虎通》：「戎者，強惡也。」

　　《風俗通》：「戎者，兇也。」

2.謂「戎」為西方之人。

　　《大戴記·千乘》：「西辟之人曰戎」。

　　《禮記·王制》：「西方曰戎」。

(三)狄。

1.謂「狄」為北方人。

《大戴記・千乘》：「北辟之民曰狄」。

《禮記・王制》：「北方曰狄」。

2.謂「狄」為遠方人。

《毛傳》：「狄，遠也。」

3.謂「狄」為西方人

《周書・牧誓》：「逖矣西土之人」（狄或作逖）。

4.謂「狄」為犬種

《說文》：「狄本犬種，狄之為言淫辟也，從犬。」

5.謂「狄」為貶詞。

《春秋穀梁・僖公三十三年》：「不言戰而言戰敗何也，狄秦也，其狄之何也，秦越千里之險入虛國，進不能守，退敗其師，徒亂人子女之教，無男女之別，秦之為狄，自殽之戰始也。」

(四)蠻。

1.謂「蠻」為南方人

《孟子・滕文公上》：「今也南蠻鴃舌之人」。

《大戴記・千乘》：「南辟之民曰蠻」。

《禮記・王制》：「南方曰蠻」。

2.謂「蠻」為畿服以外之民

《周禮・大司馬》：「方千里曰國畿。……又其外五百里曰蠻服。」

《周禮・職方》：「方千里曰王畿……又其外方五百里曰蠻

服。」

3.謂「蠻」為蛇種

《說文》：「蠻、南蠻、蛇種、從蟲、䜌聲。」

4.謂「蠻」為犬種

《後漢書·南蠻傳》云：「昔高辛氏有犬戎之寇，帝患其侵暴，而征伐不剋，乃訪募天下，有能得犬戎之將吳將軍頭者，購黃金千鎰，邑萬家，又妻以少女，時帝有畜狗，其毛五采，名曰槃瓠。下令之後，槃瓠遂銜人頭造闕下，群臣怪而診之，乃吳將軍首也。帝大喜，而計槃瓠不可妻之以女，又無封爵之道，議欲有報，而未知所宜，女聞之，以為帝皇下令，不可違信，因請行，帝不得已，乃以女配槃瓠，槃瓠得女，負而走入南山，止石室中，所處險絕，人跡不至，於是女解去衣裳，為僕鑒之結，著獨力之衣。帝悲思之，遣使尋求，輒遇風雨震晦，使者不得進，經三年，生子一十二人，六男六女，槃瓠死後，因自相夫妻，織績木皮，染以草實，好五色衣服，製裁皆有尾形。其母後歸，以狀白帝，於是使迎致諸子，衣裳斑蘭，語言侏離，好入山壑，不樂平曠，帝順其意，賜以名山廣澤，其後滋蔓，號曰蠻夷。外癡內黠，安土重舊，以先父有功，母帝之女，田作賈販，無關梁符傳租稅之賦。有邑君長，皆賜印綬，冠用獺皮，名渠帥曰精夫，相呼為姎徒，今長沙武陵蠻是也。」

另按《三才圖會》、《玄中記》、《太平御覽》、《藝文類聚》均載此事與《後漢書》略同。而《古今圖書集成》卷一四一云：

「南越王有犬名槃瓠，王被擒，其母傳令有能脫王歸者，當以王女妻之，槃瓠聞言，欣然往，竊負而逃，遂妻以女。槃瓠納諸石谷，與之交媾，生子數人，曰獞、曰獠、曰狼、曰狑、曰狪、各成一族，自為部落，不相往來，故猺人多姓槃，嫌犬名不雅，改為盤，且冒稱盤古之裔，其實非也。」

以上諸記載，學者討論者甚多，以非本書重點，故從略。

三、夷、狄、戎、蠻稱謂數說

上引諸書，夷、狄、戎、蠻是呼稱當時「中國」四境民族，但不一定「東曰夷，西曰戎，北曰狄，南曰蠻。」

夷，除「東夷」之稱外，尚有：

(一)「蠻夷」並稱。

《史記·楚世家》：「熊渠曰，我蠻夷也，不與中國通。」《史記·西南夷列傳》：「蜀蠲西南外蠻夷也。」《前漢書·匈奴傳》：「保塞蠻夷」。……

(二)「夷狄」並稱。

《論語·八佾》：「夷狄之有君，不如諸夏之亡也」。……

(三)「西夷」之稱。

《孟子·離婁》：「文王西夷之人也。」

(四)「四夷」之稱。

《史記·南越尉佗傳》：「孝文帝元年，初鎮撫天下，使告諸侯四夷。」《後漢書·東夷傳》：「凡蠻夷戎狄總名四夷也，猶公侯伯子男皆號諸侯云。」……

(五)有「風夷」、「黃夷」、「于夷」之稱者。

《竹書紀年》：「帝相二年，征風夷及黃夷」，七年：「于夷來賓」。

(六)另有以姓氏、地區冠於「夷」之上者。如「徐夷」或稱「徐戎」（《史記·魯周公世家》：「淮夷徐戎亦並與反」）「淮夷」、「萊夷」、「嵎夷」、「西南夷」等，均見《春秋》、《史記》、《漢書》。且《史記》、前後《漢書》均列有「西南夷列傳」，所述皆西南地區之邊疆民族。

戎，除「西戎」之稱外，尚有：

(一)僅稱「戎」而不冠「西」字者：

按《春秋》一書中稱「戎」者有數處。如魯隱公二年：「公會戎於潛」；莊公十八年：「公追戎於濟西」；二十年：「齊人伐戎」，廿六年：「公伐戎」……

(二)有稱「山戎」者：

《春秋·莊公三十年》：「齊人伐山戎」。《史記·匈奴傳》：「唐虞以上有山戎。」（《前漢書》亦同）

(三)有稱「北戎」者：

《春秋·僖公十年》：「夏，齊侯、許男伐北戎」。註：「北戎即山戎」。隱公九年：「北戎侵鄭」。

桓公七年：「北戎伐齊」。

(四)有稱「姜戎」「茅戎」者：

《春秋·僖公三十三年》：「夏四月辛巳，晉人及姜戎敗秦於殽」；成公元年：「秋，王師敗績於茅戎」（《公羊》、《穀梁》又作貿戎）。

(五)有「戎蠻」並稱者

《春秋·哀公四年》：「戎蠻子赤歸於楚」。

(六)有稱「犬戎」者

《春秋左傳·閔公二年》：「虢公敗犬戎於渭汭」。杜註：「犬戎，西戎別在中國者」。《史記·匈奴傳》：「穆王伐犬戎……申侯怒而與犬戎共攻殺周幽王于驪山之下。」

(七)有稱「鬼戎」者

《竹書紀年》：「武乙三十五年，周公季歷伐西落鬼戎，俘二十翟王」。（《後漢書·西羌傳》註引同）

(八)其他又有「燕京之戎」、「余無之戎」、「始呼之戎」、「翳徒之戎」（均見《竹書紀年》）。「戎翟」、「緄戎」、「翟獂之戎」、「義渠之戎」、「大荔戎」、「朐衍戎」、「陸渾戎」……（均見《史記》）

狄，除「北狄」之稱外，尚有：

(一)「赤狄」、「白狄」之稱

《春秋‧宣公九年》：「晉師白狄伐秦」；成公九年：「秦人白狄伐晉」；襄公十八年：「白狄來」；宣公十六年：「晉人滅赤狄甲氏及留吁」。

(二)其他，有「戎狄」、「夷狄」並稱（見前述）。又《孟子‧梁惠王下》：「太王居邠，狄人侵之。」按邠地在西方，是西方亦有狄。

蠻，除「南蠻」之稱外，尚有：

(一)「戎蠻」、「蠻夷」之稱（見前述「戎」「夷」條。）

(二)中原內地亦有「蠻子」。《左傳‧昭公十六年》：「楚子使然丹誘戎蠻子殺之，遂取蠻民。」杜註：「河南新城縣東南有蠻城。」

(三)「蠻」或作「曼」

《春秋‧哀公四年》：「晉人執戎蠻子赤歸于楚」。《公羊》：「赤者何，戎曼子之名也。」

(四)有稱「北蠻」者

《史記‧匈奴傳》：「居于北蠻」。

(五)有「荊蠻」之稱者

《史記‧吳太伯世家》：「太伯仲雍二人，乃犇荊蠻。」

四、夷、狄、戎、蠻數稱不同

(一)「九夷」、「八狄」、「七戎」、「六蠻」之說

《墨子·節葬下》：「堯北教乎八狄，舜西教乎七戎，禹東教乎九夷。」《爾雅·釋地》：「九夷、八狄、七戎、六蠻」。《北史·列傳八十三》：「若夫九夷、八狄種落繁熾，七戎、六蠻充仞邊鄙。」

(二)「八蠻」、「六戎」、「五狄」之說

《禮記·明堂位》：「九夷之國，東門之外，西面北上；八蠻之國，南門之外，北面東上；六戎之國，西門之外，東面南上；五狄之國，北門之外，南面東上；九采之國……。」

(三)「四夷」、「五戎」、「六狄」之說

《周禮·職方》：「辨其邦國、都鄙、四夷、八蠻、七閩、九貉、五戎、六狄之人民。」

可見夷有「九夷、四夷」之數；戎有「七戎、六戎、五戎」之數；狄有「八狄、六狄、五狄」之數；蠻有「八蠻、六蠻」之數。

五、歷代史家對夷、狄、戎、蠻均無定論

(一)太史公撰《史記》，列有〈匈奴傳〉，且排在李廣之後，〈衛青傳〉之前，另有〈南越尉佗傳〉、〈東越傳〉、〈朝鮮傳〉，而無「東夷、西戎、南蠻、北狄」之分，惟別立〈西南夷傳〉而已。其中〈匈奴傳〉中提及「獫狁、葷粥、居於北蠻」以及「山戎」、「犬戎」、「戎夷」、「戎狄」、「西戎」、「義渠戎」、「氐羌」等名稱；在〈西南夷傳〉中有「此皆巴蜀西南外蠻夷也」之句。班固所撰《前漢書》，有〈匈奴〉、〈西南夷〉、〈兩粵〉、〈西域傳〉、與《史記》大致相同，二書〈西南夷〉傳中所稱之「夷人」皆居住今四川、雲、貴等地區而言，均未提及「東夷」之

事。

(二)南朝范曄筆下的《後漢書》，分別列有〈東夷〉、〈南蠻〉、〈西南夷〉、〈西羌〉、〈西域〉、〈南匈奴〉、〈烏桓〉、〈鮮卑〉諸列傳。其在〈東夷列傳〉中除特別指出九夷（畎夷、于夷、方夷、黃夷、白夷、赤夷、玄夷、風夷、陽夷）、徐夷（徐偃）、淮夷外，其結論云：「凡蠻夷戎狄總名四夷者，猶公侯伯子男，皆號諸侯云。」但又將「扶餘、句驪、濊、馬韓、辰韓、弁韓列入東夷傳中，顯然已超越前述諸史中「夷」地範圍，為後世視所有異域人為「夷人」開其先例。〈南蠻傳〉中之「蠻」包括湖南、兩廣以及四川一部份，並遠及海南島、越南（秦漢時為其版圖）在內，有武陵蠻、夜郎蠻夷、蒼梧蠻夷、日南象林徼外蠻夷、巴郡南郡蠻、板楯蠻夷。至於西南夷傳中的「夷」係指雲貴地區之夜郎、滇王等，與《史記》、《前漢書》略同，並具體列出哀牢夷、花都夷、冉駹羌等，〈西羌傳〉中所述「羌人」實即「戎人」，傳中常以「羌戎」並稱，包括陝、甘川等地之羌無弋爰劍、滇良（燒當玄孫），東號及其子麻奴、湟中月氏胡。

(三)陳壽撰《三國志》，僅於《魏志》中列有「烏丸、鮮卑、東夷」列傳，其中「東夷」部份較之《後漢書》多列「倭」（日本）和「東沃沮」（朝鮮境）。至於《蜀志》中雖有「西和諸戎，南撫夷越」以及諸葛亮平南蠻之事，但未立傳。

(四)唐人房玄齡所撰《晉書》，雖有〈四夷傳〉，但因鮮卑人、羯人、氐人在晉史中地位極為重要，因之石氏、慕容、苻氏、姚氏以及乞伏、赫連等均分別立傳，不在「夷狄」範圍之內。故〈東夷傳〉與前述各書大致相同，僅增列東北之「肅慎」及「裨離」（肅慎西北）。〈西戎傳〉除吐谷渾（按為鮮卑慕容廆之庶長兄，應列入《晉書》正傳）外，包括國家有焉耆（今新疆焉耆）、龜茲（今新疆庫車、沙雅二縣間）並遠及大宛、康居、大秦（羅馬）。〈南蠻傳〉中僅包括林邑、扶南兩國，地當今越南北部及海南島之地，與漢書中所述「南蠻」完全不同。至於〈北狄傳〉專指「匈奴」而言，且謂「匈奴之類，總謂之北狄」云云。但所述者為塞外匈奴餘種，若劉元海（淵）、劉聰、劉曜本皆為匈奴人，亦以其在晉史中佔重要地位，故分別立傳。綜觀《晉書》，立場客觀，無「漢民族本位主義」。

（五）北齊·魏收所撰之魏書，自然以北魏鮮卑人為立場，故對邊疆民族不用「夷戎狄蠻」立傳，僅冠以種族名號，如〈匈奴劉聰傳〉、〈羯胡石勒傳〉、〈鐵弗劉虎傳〉、〈徒河慕容廆傳〉（《晉書》中列其後裔為西戎之一）、〈臨渭氐苻健傳〉、〈羌姚萇傳〉、〈略陽氐呂光傳〉。以及將高句麗（出於扶餘）、百濟（出於扶餘）、勿吉（舊肅慎）、失韋、豆莫婁（舊北扶餘）、契丹、氐、吐谷渾、宕昌、高昌、鄧至、蠻、獠分別列八十八、九列傳中，西方如鄯善、天竺、大秦等六十三國均列入西域傳。相反者，魏收將劉裕、蕭道成、蕭衍三人別以「島夷」立傳。按「島夷」本言海島上之夷，《魏書》中指南朝宋、齊、梁三朝為「島夷」，顯為詆毀之意，猶南朝之稱北魏為「索虜」也。故司馬光著《通鑑》曾慨然有言：「及漢室顛覆，三國鼎峙，晉室失馭，五胡雲擾。宋魏以降，南北分治，各有國史，互相排黜，南謂北為索虜，北謂南為島夷。」（《通鑑》卷六十九，〈文帝黃初二年〉）。至於列馮跋（本鮮卑人）為「海夷」亦同一用意。由見此處之「夷」字，已含有「政治」意味矣。

（六）梁·沈約撰《宋書》（南朝），惟列有「夷蠻」一傳，其中謂：「南夷、西南夷大抵在交州之南及西南，居大海中洲上，相去或三五千里，遠者二三萬里，乘舶舉帆，道里不可詳知。外國諸夷雖言里數，非定實也。」所謂南夷乃林邑（《晉書》列林邑為南蠻），所謂西南夷乃指訶羅陀國（今之婆羅洲）以及獅子國、天竺等。此皆域外之國，與漢時所謂西南夷絕然不同。《宋書》並將高句驪、百濟、倭國與荊雝州蠻、豫州蠻均混列〈夷蠻〉傳中，無「北狄」而稱「索虜」；無「西戎」而列「氐胡」。

（七）蕭子顯撰《南齊書》，僅列「蠻」傳，且云：「蠻、種類繁多，言語不一，咸依山谷，布荊、湘、雍、郢、司等五州界」。然在〈蠻傳〉中所列舉者為「東夷高麗國」、「南夷林邑、扶南國」（《晉書》稱南蠻），此種將「東夷」、「南夷」列入〈蠻傳〉敍述，尚屬首例。以外有〈芮芮虜傳〉（塞外雜胡）包括：河南（匈奴種）、氐楊氏（與苻氏同）、宕昌（三苗之裔已見《魏書》）。

（八）《梁書》亦僅列〈諸夷傳〉一傳，其中分：海南諸國：林邑、扶南（或稱蠻或稱夷，已見前述）、盤盤、丹丹、于陁、狼牙修、婆利、中天竺、獅子。東夷：高句麗、百濟、新羅、倭、大漢、扶桑。西北諸戎：河

南、高昌、龜茲、波斯、芮芮等十六國。此種將「戎」列入「夷」傳中敍述，亦首開其例。

由於《梁》、《陳》二書均為姚思廉撰，故在《陳書》中未再列述邊疆民族。

(九)李百藥撰《北齊書》，對「外夷」隻字未提；唐·令狐德棻編撰《周書》僅列〈異域列傳〉，包括：高麗、百濟、蠻、獠、宕昌、鄧至、白蘭、氐、稽胡、康莫奚、突厥、吐谷渾、高昌、鄯善、焉耆、龜茲、于闐、嚈噠、粟特、安息、波斯。

(十)李延壽編撰《北史》（包括整個北朝以及隋在內）與《南史》，包括宋、齊、梁、陳各朝，按理應與前述《宋書》、《南齊書》、《梁書》中所列各邊疆民族一律，然《南史·夷貊傳》中的「文身」、以及「北狄－蠕蠕」則為前書所未述及。

(十一)李延壽編撰《北史》（包括整個北朝以及隋在內）與《南史》所持立場完全不同，對邊疆及域外民族均以「列傳」述之，無分〈夷狄戎蠻〉。如將赫連氏之夏，慕容氏之燕，姚氏之後秦，乞伏氏之西戎，沮渠氏之北涼均列入〈僭偽附庸傳〉，其他如高麗、百濟、新羅、新羅、勿吉、奚、契丹、室韋、豆莫婁、地豆干、烏洛侯、流求、倭、蠻獠、林邑、赤土、真臘、婆利、氐、吐谷渾、宕昌、鄧至、白蘭、党項、附國（漢之西南夷）、稽胡、蠕蠕、高車、突厥、鐵勒、以及西域（包括車師、大秦等六十三國）均列入八十二至八十七列傳中。

(十二)魏徵編撰《隋書》、隋書分〈東夷列傳〉（高麗等方國）、〈南蠻列傳〉（林邑等四國）、〈北狄列傳〉（突厥等五國），惟不稱「西戎」而稱〈西域列傳〉（吐谷渾、波斯等廿二國）。

(十三)劉昫撰《唐書》，以「突厥、迴紇、吐蕃」在唐史中地位重要，猶漢時之匈奴，故《史記》、《漢書》均列〈匈奴傳〉，唐書亦將「突厥、迴紇、吐蕃」單獨列傳。以外再分〈南蠻傳〉，包括西南蠻、林邑、婆利、盤盤、真臘、陀洹、訶陵、墮和羅、墮婆登、東謝蠻、西趙蠻、牂牁蠻、南平獠、東女國、南詔蠻、驃國。〈西戎傳〉，包括泥婆羅、党項羌、高昌、吐谷渾、焉耆、龜茲、疏勒、于闐、天竺、罽賓、康國、波斯、拂菻、大食。〈東夷傳〉，包括高麗、百濟、新羅、倭國（日本）、日本（倭之別

種，併倭國之地，以倭不雅而更名）。〈北狄傳〉，包括鐵勒、奚、契丹、室韋、靺鞨、渤海靺鞨、霫、烏羅渾。按：此體例雖與《禮記‧王制》：「東曰夷、南曰蠻、北曰狄、西曰戎」相合，然《禮記》明言：「中國夷狄戎蠻」，顯係指中國境內的四境民族而言，而《唐書》中所列之「夷蠻戎狄」多泛指中國境外民族。

　　(十四)《新唐書》與《唐書》體列大致相同，惟易〈西戎傳〉為〈西域傳〉。其於〈東夷傳〉中增流鬼一國，〈南蠻傳〉中除南詔、盤盤、扶南、真臘、訶陵、驃、與《唐書》相同外，另新增環王、投和、瞻博、室利佛逝、名蔑、單單、兩爨蠻、南平獠、西原蠻。〈北狄傳〉中除契丹、奚、室韋、渤海與《唐書》相同外，另刪去靺鞨、渤海靺鞨、霫、烏羅渾，而增列黑水靺鞨一國。〈西域傳〉中的國家亦較之《唐書》有所增列。按歐陽修之所以撰《新唐書》乃為「補正劉昫之舛漏，自稱事增於前，文省於舊」，故增補〈沙陀傳〉甚妥（蓋沙陀助唐平亂，至唐末且舉足輕重，地位重要）；易〈西戎傳〉為〈西域傳〉亦甚妥（蓋《唐書》中之西戎包括大食、波斯等國，顯非中國史中之「戎」意矣。）至於何以將《唐書》中的〈北狄〉和〈南蠻傳〉中若干國家刪除，則頗不解。

　　(十五)宋人薛居正撰《五代史》，將邊疆民族一律列入〈外國傳〉；歐陽修撰《新五代史》改以〈四夷附錄〉述之。

　　(十六)元人脫脫撰《宋史》分〈蠻夷傳〉（西南溪洞蠻、西南諸夷）和〈外國傳〉包括：夏、高麗、交阯、大理、占城、真臘、蒲甘、邈黎、三佛齊、闍婆、勃泥、注輦、丹眉流、天竺、于闐、高昌、回鶻、大食、層檀、龜茲、沙州、拂菻、流求、安定、渤海、日本、党項、吐蕃等廿八國。如果以「宋」為正統，既視西夏為外國，則當時之遼、金、蒙古亦為宋時之「外國」，何以脫脫僅將「西夏」列入，而不列遼、金、蒙古，顯為撰者所處時代及立場問題，再則元人托克托等另奉敕撰有《遼史》、《金史》之故，且《遼》、《金史》所列〈外紀傳〉（《金史》中列〈外國〉）中僅包括高麗、西夏兩國。

　　(十七)明人宋濂撰《元史》，以元代疆域廣袤，納諸「番」於一宇，已使邊疆與內地結合為一體，故無所謂「夷蠻戎狄」，僅將高麗、耽羅、日本、安南、緬、占城、暹、爪哇、琉求、三嶼、馬八兒等國列入〈外國傳〉

中述之。清末柯劭忞撰《新元史》亦從其體例，僅在「傳」中增列西域諸國及島夷諸國（澎湖等島）。

(十八)清人張廷玉編撰《明史》，將西南邊疆地區列入「土司」，如湖廣土司、四川土司、雲南土司、貴州土司、廣西土司。另外列有八個〈外國傳〉，包括朝鮮、安南、日本、爪哇、及韃靼、瓦剌等六十九國，西方列〈西域傳〉，包括哈密衞、撒馬兒罕及天方等五十九國。

(十九)唐・杜佑撰《通典》；宋・鄭樵撰《通志》；元・馬端臨撰《文獻通考》三書均各以其時代背景將中國四境及域外民族作綜合敍述，所不同者，通典稱「邊防」，通志稱「四夷」，文獻通考稱「四裔」，且僅云東南西北，不冠夷狄戎蠻。清高宗敕撰之《續通典》對邊民及域外國家則以「正東」（朝鮮、日本等）、「東南」（流球、呂宋）、「正南」（南詔、安南等）、「西南」（吐蕃、夜郎等）、「正西」（吐魯蕃、龜茲等）、「正北」（韃靼等）、「東北」（渤海、室韋等）分列，亦不冠夷狄戎蠻字樣，但所敕撰之《續文獻通考》，又以「東夷」（高麗、日本等）、「東南夷」（流球、呂宋等）、「南夷」（安南、占城等）、「西南夷」（四川土司、緬甸等）、「北夷」（韃靼等）、「西北夷」（衞喇特）分列。

從以上所引經傳、史、通中對邊疆民族及域外國家之呼稱來看，可作如下結論：

(一)秦以前，史書所云「夷狄戎蠻」尚係指當時中國國境內及四週邊民而言，自漢代以下，將中國國境以外之國家亦冠以「夷狄戎蠻」列述。

(二)所云「夷」者，有東夷、東南夷、西夷、西南夷、南夷、北夷等；所云「戎」者，有西戎、山戎、北戎等；所云「狄」者，有北狄、西狄；所云「蠻」者，有南蠻、北蠻等。易言之，各當時中國四境邊民之居住於東方者既曰夷，居西方、南方、北方者亦曰夷；居西方者既曰戎，居北方南方者亦曰戎；居南方者既曰蠻，居北方者亦曰蠻；居北方者既曰狄，居西方者亦曰狄。或前代稱彼為戎，後代稱彼為狄，或前代稱彼為夷，後代稱彼為蠻，從無定論。

(三)所稱「夷、狄、戎、蠻」並非全部居於邊境，其在先秦時代有居住於河南、山東、江蘇、湖北、湖南、四川、陝西、山西、河北等地區者。

(四)由於撰史者所持立場及所處時代不同，對邊疆民族有時冠用「夷狄

戎蠻」，有時冠以「外國」或「外紀」，有時稱「諸夷」，有時稱「四裔」，亦有稱「東南西北」方者。

(五)凡是由邊疆民族所建立之政權（北魏、北齊、北周、元）或由邊疆人士所撰之正史（《宋史》、《遼》、《金史》）均不列「夷狄戎蠻」傳，僅以「外國傳」記述其域外民族。

(六)所稱「夷、狄、戎、蠻」除域外國家外，並非「異民族」。如：

匈奴，夏后氏之苗裔（《史記》）。西南夷，楚莊王之苗裔（《漢書》）。南蠻，帝禹辛氏女裔（《後漢書》）。西羌，姜姓之裔（《後漢書》）。鮮卑，黃帝軒轅之後（《北史》、《魏書》、《宋書》）。西南諸蠻，有虞氏之苗裔（《明史·土司傳》）。

(七)歷史上所稱之「夷、狄、戎、蠻」稱號，不僅因時而異稱，因時而變換，而且因時而消滅。如所稱「東夷」、「北狄」、「西戎」、「南蠻」等號，時至今日已不存在，反而對今日西南諸省內之「少數民族」冠以「夷」字，如「擺夷」等是也。

第二章　上古各代之疆域

　　論先秦時代之邊疆政策，必先明瞭其「邊疆」之四極。凡住居於邊疆者，始謂之為「邊疆民族」，對其政策始之為「邊疆政策」。但因先秦時代之環境特殊。邊疆與內地之關係，與後世甚多不同。即先秦時代所謂之邊疆民族，並非完全居住於邊疆，亦有若干與中原華族混合居於內地者。事實上，當時居住於「內地」之「戎夷蠻狄」能否以「邊疆民族」稱視之，頗值得研究。即使居住於邊疆者，亦非邊疆民族，乃因某種原因而「自稱」為邊疆民眾，或被中原人「貶稱」為邊疆民族，或由內地自由遷居於邊疆者；或被強迫移徙而往者，故先秦之邊民邊疆很難確定，因之有言先秦邊疆政策者，各有不同論斷，本書乃先從「邊疆」言之。

一、五帝時代之邊疆

　　按「五帝」之名，眾說紛紜，諸書有多載，學者有異考，本書采《史記》，仍以黃帝、顓頊、帝嚳、帝堯、帝舜為五帝。

(一)、黃帝版圖

　　中央政府在有熊（河南新鄭），其四極，依《史記・五帝本紀》：

> 黃帝披山通道，未嘗寧居。東至於海，登丸山及岱宗，西至於空桐，登雞頭。南至於江、登熊湘。北逐獯鬻，合符釜山，而邑於涿鹿之阿。」

　　空桐，《集解》引韋昭云：「在隴右」。雞頭，《索隱》云：「後漢王孟塞雞頭道，在隴西，一曰崆峒山之別名。」《正義》云：「《括地志》云：空桐山在肅州福祿縣東南六十里。《抱朴子・內篇》云：黃帝西見中黃子，受九品之方，過空桐，從廣成子受自然之經，即此山。《括地志》又云：笄頭山，一名崆峒山，在原州平高縣西百里，禹貢涇水所出。《輿地

志》云：或即雞頭山也。酈元云：蓋大隴山異名也。《莊子》云：廣成子學道崆峒山，黃帝問道於廣成子，蓋在此。按：二處崆峒。皆云黃帝登之，未詳孰是。」《路史》云：「空同山在汝之梁縣西南四十里。有廣成澤及廟，近南陽雉衡山。故馬融〈廣成贊〉云，面據衝陰。」考上述數說，得丸山、屯宗（泰山）均應在今山東境內。空桐、雞頭山（崆峒山）均應在甘肅平涼。熊山應在湖南益陽縣。釜山應在河北涿鹿。由見黃帝當時所轄版圖，東至海而有山東，南至長江而括湖南，西至甘肅，北有河北。據《前漢書·地理志》稱：「方制萬里，畫壄分州，得百里之國萬區。」《地名大辭典》引《周公職錄》：「黃帝割地布九州」之說。

（二）、帝顓頊版圖

中央政府在帝邱（河北濮陽），其四極依《史記·五帝本紀》載：

北至于幽陵，南至于交阯，西至于流沙，東至于蟠木。

幽陵，《正義》云：「幽州也」。按：即今河北。交阯，《正義》云：「交州也」。按：即今越南河內。流沙，《集解》引〈地理志〉曰：「流沙在張掖居延縣」。《正義》引《括地志》云：「居延海南，甘州張掖縣東北千六十四里是」。按：《漢書·地理志》：「張掖郡……居延，居延澤在東北，古文以為流沙。」實則，古之流沙，乃泛指西北方之沙漠而言，非指某一定處。《史記》所稱流沙為今甘肅張掖一帶。蟠木。《集解》引〈海外經〉曰：「東海中有山焉，名曰度索，上有大桃樹，屈蟠三千里，東北有門，名曰鬼門，萬鬼所聚也，天帝使神人守之。……」其說雖神話，然蟠木生於東海之外屬實。《史記》中所云蟠木乃指東海中之山名。

由上所述，帝顓頊時版圖，東、西、北三方均與黃帝時代相同，惟南方已擴展至今之越南部份。《帝王世紀》謂顓頊首分天下為九州：曰冀（今河北、山西二省及河南黃河以北、遼寧遼河以西之地。）、曰兗（大部今山東境內）、曰青（今山東膠東、濟南東境皆是）、曰徐（今江蘇、山東、安徽三省之部份）、曰揚（今江蘇、安徽、江西、浙江、福建之地）、曰荊（今湖南、湖北、及四川、貴州、廣西、廣東一部份）、曰豫（今河南省）、曰梁（今陝西及四川之地）、曰雍（今陝西、甘肅二省及青海額濟納之地皆是）。然其中荊州之地並未廣及越南，《史記》所云：「南至交阯」一語，

或謂其聲威廣播也。

(三)、帝嚳版圖

中央政府在亳（河南偃師），其四極，依《通典》及《歷代疆域表》均謂，承襲顓頊九州之制，統領萬國。

(四)、唐堯版圖

中央政府在平陽（山西臨汾），其四極與前代相，惟此時「蕩蕩洪水滔天，浩浩懷山襄陵」，天下分絕，九州之地有時難以劃分。

(五)、虞舜版圖

中央政府在蒲阪（山西永濟）。命平水土，分天下為十二州。較前代多并、幽、營三州。《書・舜典》有「肇十有二州」一語，注云：「十二州，冀、兗、青、徐、荊、揚、豫、梁、幽、雍、并、營也。中古之地，但為九州。……及舜即位，以冀、青地廣，始分東恒山之地為并州，其東北醫無閭之地為幽州，又分青之東北、遼東等處為營州，而冀州止有河內之地，今河東一路是也。」是舜時州名雖多，而地無增廣，疆域與前代相同。

總括「五帝」疆域，北有今遼寧、遼北、河北、山西等省境內，東至海而涉朝鮮境內，南有湖南而遠至南嶺以南，西有甘肅而括寧夏等地。但並非全部控制這些地區，中央直轄領土不過千里而已，《史記・始皇本紀》廿六年載丞相王綰等上帝號議云：「昔五帝地方千里，其外侯服夷服諸侯或朝或否，天子不能制。……」是故，中央直轄領土以外，皆可謂當時之「邊疆」也。

二、夏朝邊疆

夏朝中央政府初都陽翟（河南禹縣），旋又都安邑（山西安邑），然皆不出今河南西部與山西南部範圍。其四極，依《書・禹貢》：「禹敷土，隨山刊木，奠高山大川」；《史記・夏本紀》：「開九州，通九道，陂九澤，度九山」。

所謂「九道、九澤」均無可考，至於九山，據《淮南子・墜形訓》云：

「會稽、泰山、王屋、首山、太華、岐山、太行、羊腸、孟門諸山是也。」按顓頊分天下為九州，舜再分冀、青二州之地別為十二州，已於前述。禹則還為九州，亦即顓頊時九州之地，故其疆域與前代相同，〈禹貢〉：「東漸于海，西被于流沙，朔南暨，聲教訖于四海」是也。

三、商朝邊疆

《前漢書·地理志》：「殷因於夏，亡所變更。」《通典》：「殷商受命，亦為九州，分統天下。」故《歷代疆域表》稱：「因夏之制，無所變更。」至於中央政府之所在，變遷最多，初契封於商（陝西商縣），相土遷商邱（河南商邱），湯居亳（河南商邱西南）。按前此商尚為夏諸侯，至湯克夏後始為天下諸侯之長，是河南商邱方始為商代中央政府所在地。其後仲丁遷囂（河南滎澤縣西南）、河亶甲居相（河南安陽縣西），祖乙都耿（山西河津縣），盤庚遷殷（河南安陽），武乙徙朝歌（河南淇縣東北）。

四、周代邊疆

《漢書·地理志》：「周既克殷，監于二代而損益之，定官分職，改禹徐、梁二州合之於雍、青，分冀州之地為幽、幷。」（《周禮·職方氏》同）故仍為九州。《春秋左傳·昭公九年》云：「我自夏以后稷、魏、駘、芮、岐、畢，吾西土也；及武王克商，蒲姑、商奄、吾東土也；巴、濮、楚、鄧，吾南土也；肅慎、燕、亳、吾北土也。」

按此為周初邊疆，其後裂土分封，中央直轄領土僅關中平原地帶，及平王東遷，王畿縮小，王綱失墜，天子控制力量僅及洛陽附近黃河兩岸的區域。自是王權喪失，諸侯爭霸。迄戰國時代，七雄分立，各國疆界分明，據《史記·蘇秦列傳》載云：

秦：四塞之國，被山帶渭，東有關河，西有漢中，南有巴蜀，北有代馬（代郡、馬邑也）

燕：東有朝鮮、遼東，北有林胡、樓煩，西有雲中、九原，南有
嘑沱、易水，地方二千餘里。

趙：地方二千餘里……西有常山，南有河漳，東有清河，北有燕
國。

韓：北有鞏洛、成皋之固，西有宜陽、商阪之塞，東有宛、
穰、洧水，南有陘山，地方九百餘里。

魏：南有鴻溝、陳、汝南、許、鄢、昆陽、召陵、舞陽、新都、
新郪，東有淮、潁、煮棗、無胥，西有長城之界，北有河外、
卷、衍、酸棗，地方千里。

齊：南有泰山，東有琅邪，西有清河，北有勃海，地方二千餘
里。

楚：西有黔中、巫郡、東有夏州、海陽，南有洞庭、蒼梧，北有
陘塞、郇陽，地方五千餘里。

邊族亦乘機而起，東西交戰，南北爭長，中央與地方難分，內地與邊疆
無別，彼此混戰達五百年之久，迄秦王政（後改為始皇）二十六年（西元前
二二一年）一統天下，邊疆內地始判然有別。故以上所述，雖題名為各代邊
疆，事實上僅其活動之範圍，無所謂「邊疆」「內地」之顯明界限，因而所
稱「邊疆民族」亦不可以「地理」界限區別之。

關於「邊疆」之劃定，今之學者有多論：

「民族邊疆說」，認為邊疆範圍之劃定，應以民族為標準，凡以邊疆民
族為土著民族之地區，應即為邊疆範圍所屬之地。持此說者是以今之滿、
蒙、回、藏、苗、撣等族為土著民族之地區，顯然此乃「現今」之事實，非
歷史事實，況滿、蒙、回、藏、苗、撣諸侯，是否為該地區之土著民族，或
係由中原及他地而徙往者，迄尚有爭論。惟本書所論述者，專以「先秦」時
代之邊民為對象，而先秦時代之邊民依據史實（詳後），屬土著者少，由
「內地」徙往者多。

　　「文化邊疆說」是以各該地區之文化類型為劃分標準。持此說者乃以「中原」文化為主體，凡此文化未浸潤之地區便以之為邊疆。此說無論就歷史或今天，似均不能成立。蓋「文化」可有「區別」而並無「優劣」，概視其地理環境及「國情」之「需要」而定，「中原文化」雖甚好甚高，然是否為他一地區所需要，或是否「適合」其環境，均無一定。至於邊疆地區之「文化」，有時或為中原地區所需所取法亦有可能。其主張以「中原文化」為優，而欲「同化」、「感化」他人者，乃是少數人之「優越感」，況且僅以是否「通經術」而論，易言之，認為讀詩書、好禮樂者方為「文化人」，反之則認為是「落後之邊疆人」，其對「文化」二字之詮釋，何其狹義。孔子為春秋時代學人中之佼佼者，其主張則「夷狄進入中國則中國之，中國進入夷狄則夷狄之」，且云「夷狄之有君，不如諸夏之亡也」，又云：「先進於禮樂，野人也；後進於禮樂，君子也。如用之，則吾從先進。」甚至「吾欲居九夷」。由見孔子之見解極為正確。事實上，趙武靈王「胡服騎射」因而使其國家顯赫一時，「胡服」、「騎射」即邊疆文化之一部份，而為當時中原各國所不及者，是故謂某些邊疆地區之文化「特殊」則可，若謂其「落伍」則非。

　　「政制邊疆說」，此種以地方行政制度為劃分之標準。認為未施行省縣制度之地區便是邊疆。持此說者固尚有理，然非歷代邊疆之全部事實，僅以元、明以後，尤針對民國以來中央對蒙古、西藏兩地而言。按〈禹貢〉雖有「五服」，周官雖有「九服」之分。

　　按此皆量其地之遠近而為納賦之輕重，並非當時中央對邊疆之某種政治制度，況且以「五百里」之方塊方式向四周擴展，如此劃分，猶「井田」之制，忽視地形上山脈與河川之阻隔，絕難求其劃一，就圖例來看，「荒服」與「藩服」方得為「邊疆」，然事實上夏時之「要服」，周時「蠻、夷」皆視為邊疆矣。是「政制邊疆說」，以今言之尚可，以古言之則非。

　　「地理邊疆說」，是以地理之位置為劃分標準，即凡居於國家領土邊緣地帶之地區便是邊疆。然邊疆有海疆陸疆，持此說者不僅以陸疆而言，且限西北、西南而言，其中又以蒙古、西藏為重心。前已述及，先秦邊疆非僅陸疆且及海疆。先秦邊民非僅居於領土邊緣地帶，亦且居位於內地，甚至王城附近者（詳後），是「地理邊疆說」適用於秦以後，不適用於秦以前。

　　此外，依據《禮記・王制篇》云：「東方曰夷，被髮文身，有不火食者矣。南方曰蠻，雕題交阯，有不火食者矣。西方曰戎，被髮衣皮，有不粒食者矣。北方曰狄，衣羽毛穴居，有不粒食者矣。」故又有主「經濟邊疆說」，實則此應歸併「文化邊疆」之內，同時因「東南地氣暖，故有不火食者。西北地寒，少五穀，故有不粒食者」。又如北方人喜麨食，南方人愛米食等之不同生活方式來劃分邊疆，則全國各地皆盡邊疆矣。

第三章　古代邊疆民族之類別

一、五帝時代之邊疆民族

葷粥

> 《史記·五帝本紀》：「（黃帝）北逐葷粥。」《集解》：「唐虞以上有山戎、獫狁、葷粥，居於北蠻。」《索隱》：「匈奴別名也，唐虞以上曰山戎，亦曰熏粥，夏曰淳維，殷曰鬼方，周曰獫狁，漢曰匈奴。」又〈匈奴列傳〉《索隱》云：

> 張晏曰：淳維以殷時奔北邊。又樂產《括地譜》云：夏桀無道，湯放之鳴條，三年而死，其子獯粥，妻桀之眾妾，避居北野，隨畜遷移，中國謂之匈奴。其言夏后之苗裔，或當然也。故應劭《風俗通》曰：殷時曰獯粥，改曰匈奴。又服虔云：堯時曰葷粥，周曰獫狁，秦曰匈奴。韋昭曰：漢曰匈奴，葷粥其別名。則淳維是其始祖，蓋與獯粥是一也。

上列諸注疏家均將黃帝時之葷粥與夏以後之獯粥、鬼方、獫狁、匈奴混為一談。按《史記·匈奴列傳》：「匈奴，其先祖夏后氏之苗裔也，曰淳維。唐虞以上有山戎、獫狁、葷粥、居於北蠻。」由見匈奴最初與山戎、獫狁、葷粥均無直接關係，〈匈奴傳〉中所云，乃是指匈奴未興起之前，北方已有葷粥、山戎、獫狁居於北蠻。自夏桀無道，其子奔於北邊，匈奴興起後，始與原有之山戎、獫狁、葷粥混雜，甚至合而為一。因之司馬貞作《索隱》謂山戎、獫狁、葷粥為匈奴別名。然按實際情形，應是在五帝時，北方邊民稱曰「葷粥」又名之曰「山戎」，至殷商時代因與淳維一族相合，乃別名曰「鬼方」，繁衍至周，又別名曰「獫狁」，其後則泛稱為「匈奴」。至於「熏粥」、「獯粥」、「葷粥」乃同音同義之別「字」也。（《孟子·梁惠王篇》更作獯鬻朱注即狄人，《路史》作熏育。）

犬戎

《後漢書·南蠻傳》：「昔高辛氏（帝嚳）有犬戎之寇，帝患其侵暴，而征伐不剋，乃訪募天下有能得犬戎之將吳將軍頭者，購黃金千鎰。邑萬家，又妻以少女，時帝有畜狗，其毛五采，名曰槃瓠，下令之後，槃瓠遂銜人頭造闕下，群臣怪而診之，乃吳將軍頭也……」《三才圖會》亦載：「槃瓠者，帝嚳高辛氏宮中老婦，有耳疾，挑之有物如繭，以瓠離盛之，以槃覆，有頃化為犬，五色，因名曰瓠犬。時有犬戎之寇，募能得吳將軍者，妻以女，瓠犬俄銜人頭詣闕下，乃吳將軍之首也。……」文雖不同，然帝嚳時有犬戎之患是事實。郭璞注《山海經》亦云：「昔槃瓠殺戎王，高辛氏以美女妻之……。」云。（有關犬戎考證詳後）

山戎

《史記·匈奴傳》：「唐虞以上，有山戎、獫狁、葷粥，居于北蠻。」按「山戎」並非某一獨立邊族之稱號，乃當時北方邊民之泛稱，即前述之葷粥亦或稱之為山戎，其後又有稱山戎為「北戎」或「北狄」者。（詳後）

嵎夷

《書·堯典》：「（堯）分命羲仲宅嵎夷。」注曰：「嵎夷即〈禹貢〉嵎夷。」《史記·堯紀》「作郁夷」。《集解》引孔安國曰：「東表之地曰嵎夷」。

三苗

《書·舜典》：「竄三苗于三危。」《史記·堯紀》：「三苗在江淮、荊州數為亂。」又云：「遷三苗於三危，以變西戎」。《史記·舜紀》：「分北三苗。」《書》注：「三苗，國名，在江南荊揚之間，恃險為亂者也。」《史記集解》引馬融亦云「三苗，國名也。」《山海經·海外南經》云：「三苗國，一名三毛國。」宋·蔡沈《書傳》云：「三苗舊都，山川險阻，氣習使然，今湖南猺洞，時猶竊發，俘而詢之，多為猫姓。」按

「毛」、「貓」相通也，古音讀「苗」為「毛」。

「三苗」究竟為國名，抑為族名，古今學者各有異說，而迄無定論。《史記・五帝本紀》《正義》引孔安國云：「（三苗）縉雲氏之後，為諸侯，號饕餮者也。」漢・高誘《淮南子・修務訓》註：「帝鴻氏之裔子饕餮，三族之苗裔，故謂之三苗。」由知孔安國與高誘之主張不同，而鄭玄疏〈堯典〉頗附和孔安國之說，其文曰：「《左傳》帝鴻氏不才子謂之渾敦，少皥氏不才子謂之窮奇，顓頊氏不才子謂之檮杌，縉雲氏不才子謂之饕餮。（堯）命驩兜舉共工，則驩兜為渾敦也，共工為窮奇也，鯀為檮杌也，而三苗為饕餮可知。」今人趙鐵寒氏嘗撰〈舜禹征伐三苗考〉一文（載《大陸雜誌》一〇一卷一期）引述古今諸家之說雖詳，然亦無定論。筆者以為「三苗」無論為國名族名均無不可，其為當時「江淮荊州」之民則無庸置疑，蓋舜當年為征三苗死於蒼梧之事，向為古今學者所公認。

　　長夷

　　鳥（島）夷（《路史》作隃夷）

　　北發（北戶）

　　息慎（肅慎）又云「鳥夷」（詳後）

　　西戎

　　析枝（鮮支）

　　渠廋

　　山戎

　　氐

　　羌

以上皆據《史記・五帝本紀・舜紀》：「（舜）南撫交阯、北發、西戎、析枝、渠廋、氐、羌。北山戎、發、息慎。東長、島夷，四海之內，咸戴帝舜之功。」

按此段文字，前後秩序顛倒，並有漏字，且斷句不清。《集解》引鄭玄

曰：「息慎或謂之肅慎，東北夷。」《索隱》：「此言帝舜之德，皆撫及四方夷人，故先以撫字總之，北發當之北戶，南方有地名北戶，又按《漢書》北發是北方國名，今以北發為南方之國誤。此文省略四夷之名，錯亂，西戎上少一西字，山戎下少一北字，長字下少一夷字，長夷也島夷也，其意宜然，今按《大戴禮》亦云長夷，則長是夷號，又云鮮支渠搜，則鮮支當此析枝也，鮮析音相近。」《正義》云：「注島或作島，《括地志》云，百濟國西南海中，有大島十五所，皆置邑，有人居，屬百濟，又倭國西南大海中島居，凡百餘小國，在京南萬三千五百里，按武后改倭國為日本國。」《正義》又曰：「爾雅云……九夷八狄七戎六蠻，謂之四海。」

又《國策·魏策》：「黃帝戰於涿鹿之野，而西戎之兵不至，禹政三苗而東夷之民不起。」

上述諸邊民，當時總呼稱為「北狄、南蠻、東夷、西戎」。《史記·五帝本紀·堯紀》：「流共工于幽陵以變北狄，放驩兜于崇山以變南蠻，遷三苗于三危以變西戎，殛鯀于羽山以變東夷。」又或以「蠻夷」並稱。如「蠻夷率服」「色蠻夷猾夏」（均見《書·舜典》及《史記·五帝本紀》）。

或曰：黃帝嘗伐蚩尤且居於當時南方，何不列稱「邊民」？或曰：歷史教科書且稱「黃帝戰蚩尤為民族禦侮戰」。其為「邊疆民族」更當然矣。

以上二門，著者有如下看法：

(一)炎黃二帝與蚩尤皆神農氏後裔

相傳神農氏最初指導人民播種五穀，乃先焚山林，利用天然環境和自然肥料下種，故《管子》、《易傳》、《帝王世紀》諸古史之記載，均可證明神農氏是「烈山氏」及「炎帝」等稱號。神農死後，其子孫代代仍襲號「炎帝」。或非其子孫「自號」炎帝，亦乃後世稱神農之裔為「炎帝」蓋無疑問。

神農氏及其子孫，後人既皆以「炎帝」呼稱之，而《國語·晉語》又云：「昔少典娶於有蟜氏，生黃帝、炎帝。黃帝以姬水成，炎帝以姜水成，成而異德，故黃帝為姬，炎帝為姜。」由見黃帝與炎帝同胞兄弟。然此處之炎帝乃指神農後裔而言。《通鑑外紀》註《初學記》等亦云：「黃帝母曰附寶，其先即炎帝母家有蟜氏之女，世與少典氏婚，及神農氏之末，少典氏又

娶附寶，而生黃帝。」賈誼《新書·制不定篇》亦云：「炎帝者，黃帝同父母弟也。」

由這些史料證明，黃帝乃神農氏後裔，且與其後裔炎帝為兄弟關係，足可信也。

然則蚩尤與炎帝之關係何如？據宋人羅泌《路史·後紀》云：「蚩尤姜姓，炎帝之裔。」梁玉繩氏所著《史記志疑》一書中尤強調「炎帝就是蚩尤」。蔣觀雲著《中國人種考》亦認為「蚩尤襲號炎帝」，二氏所持理由充足，可參考該書，茲不贅。按蚩是「赤」字之譯音，尤為「王」字譯音，蚩尤即赤王，死後乃稱赤帝即炎帝。

孔安國云：「蚩尤，九黎君長。」九，眾也。九黎，眾黎也。上古之時，中國江漢之區，皆為黎境，現在西南亦多姓黎者。黎即是犁，犁乃農具之一種，黎民即是犁民，犁民即是從事農耕之民。歷史上之中國人百分之八十以上是農民，故中國「老百姓」又號稱黎民。

吾人皆知農業之起源於神農氏，農具之製作亦始於神農氏，神農氏乃中國農業之始祖已為學者所公認，而其子孫主要活動在江漢之間，其後繁衍至西南各地，以至於今之越、泰兩國。

古代中國農業既以江漢地區為主，故當時江漢之民多為「耕稼之民」，一般號稱「黎民」，蚩尤便是這些黎民之君長。而黎民眾多，分佈亦廣故曰「九黎」。蚩尤居九黎之長，繼承神農領導江漢之民（南方之民）從事農耕生活，其為神農氏後裔便無疑問。

或謂蚩尤乃苗人領袖，若黃帝不擊敗蚩尤，則吾人便退居今日苗人所居之山區。此種以「苗」字視之為「異民族」或「落後民族」之觀念，均是誤解。《說文解字》，苗字從草從田，乃「草生於田」也。按《詩經·碩鼠》有「無食我苗」之句；《公羊傳·莊公七年》亦有「無苗」二字，注曰：「苗者，禾，生曰苗，秀曰禾。」由見「苗」字與「苗民」所代表者祇是「農業與農民」。

(二)炎黃二帝之戰即黃帝蚩尤之戰

當神農氏作天下「共主」時，地不分南北，人不分東西，惟「相土地燥濕，肥磽高下，因天之時，分地之利，教民播種五穀。」其治民也，「威厲

而不殺，法省不煩」，天下無不歸順。然八傳至榆罔歷經四百餘年後已衰敗，蚩尤乃乘機興起。據《逸周書・史記解》曰：「蚩尤逐帝榆罔而自立，號炎帝，亦曰阪泉氏。」《路史》：「蚩尤產亂，出羊水登九淖，以伐空桑逐帝而居于濁鹿，興封禪，號炎帝，乃驅罔兩興雲霧，祈風雨，以肆志于諸侯。」是蚩尤已取代榆罔之「共主」名號，以其亦係神農後裔，故仍襲號「炎帝」。可是蚩尤繼榆罔為天下「共主」後，「道德衰敗」，失去領導天下之威信，於是「諸侯相侵，暴虐百姓」。炎帝（蚩尤）無能征討，軒轅氏乃以諸侯身份，協助炎帝征討「不朝享」之諸侯。此種情形猶之春秋時代，天子對於不遵「禮法」之諸侯沒有辦法之時，遂有「霸者」之興起。時軒轅氏顯然亦以霸者姿態出現，自是諸侯乃不奉失勢之炎帝領導，轉而「賓從」軒轅矣。

　　諸侯此一「轉變」，當是炎帝難以忍受者，《史記》云：「炎帝欲侵諸侯，諸侯咸歸軒轅，軒轅乃修德振兵，……以與炎帝戰於阪泉之野。」此一炎帝阪泉之戰，後人多誤以為黃帝與榆罔之戰。蔣觀雲《中國人種考》，認為黃帝與炎帝阪泉、涿鹿之戰均是與蚩尤相戰，蓋炎帝即蚩尤，《史記・五帝本紀》中所謂炎帝，並未指明是榆罔，雖於述說炎帝外，同時亦提及蚩尤，似乎炎帝、蚩尤是不同之兩人。但敍述黃帝與炎帝蚩尤之戰時，實為同一人。如「以與炎帝戰於阪泉之野」，既未云勝負，又未言時間，其後雖云「三戰然後得其志」，顯然有一段時間。太史公撰文向極簡賅，其間省略若干史料可以想見。《史記》又云：「蚩尤作亂不用帝命，於是黃帝乃徵師諸侯，與蚩尤戰於阪泉之野，遂擒殺蚩尤。」字面雖與前文判若兩回事，其實也是一回事。蓋所云「與炎帝戰於阪泉之野，三戰然後得其志」，僅僅是「得其志」，所謂「得其志」乃是將炎帝打敗，取得「共主」之聲名而已，並未言明擒殺炎帝，易言之，即此時之炎帝，因被黃帝三戰打敗，不得不去其帝號退為諸侯。可是原先為「炎帝」，而今敗為「諸侯」之蚩尤自不甘心，故《史記》云「蚩尤作亂，不用帝命。」黃帝乃將其擒殺。《莊子・盜跖篇》云：「黃帝不能致德，與蚩尤戰於涿鹿之野，流血百里。」據此，黃帝炎帝之戰與黃帝蚩尤之戰，固乃一事之分化甚明。賈誼《新書・益壤篇》亦云：「炎帝無道，黃帝伐之涿鹿之野，血流漂杵，誅炎帝而兼有其地，天下乃治。」

二、夏朝之邊疆民族

鳥夷

非前述五帝時代之鳥夷

《史記·夏本紀》：「鳥夷皮服」《集解》引鄭玄曰：「鳥夷，東北之民，搏食鳥獸者。」《正義》引《括地志》云：「古肅慎也。」按肅慎（息慎）首見《史記·舜本紀》，今《史記·夏本紀》及《書·禹貢》均未提及，所云「鳥夷」即「肅慎」或為是。且《書·禹貢》稱「鳥夷皮服」注曰「海曲曰島，海島之夷，以皮服來貢也」。是鳥夷又稱島夷，然肅慎並非居海島，沈蔡既謂「海曲曰島」，或指東北近海岸之處而言，蓋古肅慎所居也。《史記正義》引《括地志》述其風俗云：「其國南有白山，鳥獸草木皆白，其人處山林間，土氣極寒，常為穴居，以深為貴，至接九梯，養豕食肉，衣其皮，冬以豬膏塗身，厚數分，以禦風寒，貴臭穢不潔，作厠於中，圜之而居。多勇力善射，弓長四尺如弩矢用楛，長一尺八寸，青石為鏃。葬則交木作椁，殺豬積椁上，富者至數百，貧者數十，以為死人之糧，以土上覆之，以繩繫於椁頭，出土上，以酒灌酹，繩腐而止，無四時祭祀也。」按帝舜二十五年：「息慎氏來貢弓矢」（《竹書紀年》）可證。又周武王滅紂，肅慎曾獻石砮楛矢（《後漢書·東夷傳》）可證。

島夷

按即前述〈五帝本紀·舜紀〉中之鳥夷（島夷）

《書·禹貢》：「島夷卉服」蔡沈《傳》云：「島夷，東南海島之夷，以卉服來賓。」《史記·夏本紀》云：「島夷卉服」《集解》引孔安國曰：「南海島夷，草服葛越。」《正義》引《括地志》云：「百濟國西南，勃海中有大島十五所，皆邑落，有人居，屬百濟，又倭國武皇后改曰日本國，在百濟南，隔海依島而居，凡百餘小國，此皆揚州之東島夷也。」日人尾崎秀真著《台

灣四千年史》又稱「島夷」為今日台灣。按〈禹貢〉中凡兩云「島夷」，二者均各有所指，不可混一。

嵎夷

即堯時嵎夷（已先見〈堯典〉）。

〈禹貢〉：「嵎夷既略」。《史記·夏本紀》同。《索隱》孔安國云：「東表之地稱嵎夷，按今文《尚書》及《帝命驗》並作禺銕，銕古夷字也。」《集解》引馬融曰：「嵎夷地名。」蔡沈《書傳》：「嵎夷，薛氏曰：今登州之地。」

淮夷

〈禹貢〉：「淮夷蠙珠暨魚」。蔡沈《書傳》：「淮夷，淮之夷也。」《史記·夏本紀》：「淮夷蠙珠泉魚。」《集解》：「孔安國曰：淮夷二水出蠙珠及美魚。鄭玄曰：淮夷，淮水上之民也。」《索隱》：「按《尚書》云：徂茲淮夷，徐戎並興，今徐州言淮夷，則鄭解為得。蠙一作玭，並步玄反，泉古暨字，泉與也，言夷人所居淮水之處，有此蠙珠與魚也，又作濱，濱畔也。」又《竹書紀年》：「帝相元年，征淮夷。」

三苗（有苗）

按即舜時所竄之三苗。

《書·禹貢》：「三危既宅，三苗丕敍。」前已述及，舜時已竄三苗於三危，其後又「分北三苗」。蔡沈注〈禹貢〉云：「三危即舜竄三苗之地，或以為燉煌，未詳其地，三苗之竄，在洪水未平之前，及是三危已既可居，三苗於是大有功敍。今按舜竄三苗，以其惡之尤甚者遷之，而立其次者於舊都，今既竄者已丕敍，而居於舊都者尚桀驁不服，蓋三苗舊都，山川險阻，氣息使然。」又按《書·大禹謨》有「禹惟時有苗弗率」、「蠢茲有苗」、「苗民逆命」、「矧茲有田」、「七旬有苗格」等語；〈皋陶謨〉亦有「能哲而惠……何遷乎有苗」之語。再參舜時竄三苗之事證之，是三苗又稱有苗。

西戎（織皮、崑崙、析支、渠搜）

　　西戎為位居中原西方諸戎之總號，非某獨立之邊族。西戎之名首見《戰國策·魏策》，繼見《史記·五帝本紀》，前已述及黃帝時即有西戎一名。夏時西戎包括織皮、崑崙、析支、渠搜。後二者已於帝舜時見之。《書·禹貢》：「織皮雋崑崙、析支、渠搜，西戎即敍。」蔡沈注曰：「近朔方之民，三國皆貢皮衣，故總以織皮冠之，皆西方戎落，故以西戎總之。」《史記·夏本紀》：「織皮、昆侖、析支、渠搜、西戎即敍。」《集解》：「孔安國曰：織皮、毛布、此四國在荒服之外，流沙之內，羌髳之屬。」《索隱》：「鄭玄以為皮衣之人，居昆侖、析支、渠搜三山，皆在西戎。王肅曰：昆侖在臨羌西，析支在河關西，西戎西域。王肅以為地名，而不言渠搜，今按〈地理志〉，金城臨兌縣有昆侖祠、燉煌廣至縣有昆侖障，朔方有渠搜縣。」孔安國主四國，王肅主二國，蔡沈及裴駰均主三國，今之學者考證「織皮」為「鮮卑」，西戎是其總稱，自以孔安國等為是。

　　蠻

　　《書·禹貢》：「三百里蠻。」注：「今閩浙之間，舊為蠻夷淵藪。」又《史記·五帝本紀》：「放驩兜于崇山以南蠻。」是「蠻」亦非某獨立邊民族號，乃當時南方諸邊民之總稱。

　　萊夷

　　　《書·禹貢》：「萊夷作牧。」蔡沈注云：「萊夷，顏師古曰，萊山之夷。齊有萊侯萊人，即今萊州之地，作牧者，言可牧放，夷人以畜牧為生也。」《史記·夏本紀》亦載：「萊夷為牧。」《集解》：「孔安國曰：萊夷地名，可以放牧。」《索隱》：「按《左傳》云：萊人持孔子，孔子稱夷不亂華，又云齊侯找萊，服虔以為東萊黃縣是，今按〈地理志〉黃縣有萊山，恐即此地之夷。」

　　畎夷（犬戎）

　　風夷

　　黃夷

于夷

白夷

赤夷

方夷

元夷

陽夷

按以上屬於「九夷」之類。《後漢書・東夷傳》：「夷有九種，曰：畎夷、于夷、方夷、黃夷、白夷、赤夷、玄夷、風夷、陽夷。」

《通典》：「后相征畎夷。」注曰：「即犬戎也」又《竹書紀年》：「帝癸三年畎戎入于岐以叛。」

《竹書紀年》：「帝相二年征風夷及黃夷。」又「七年于夷來賓」。

《竹書紀年》：「帝少康二年，方夷來賓。」

《竹書紀年》：「帝芬三年，九夷來御。」（按即前述九夷）

《竹書紀年》：「帝泄二十一年，命畎夷、白夷、赤夷、玄夷、風夷、陽夷。」

岐踵戎

《竹書紀年》：「帝桀六年，岐踵戎來賓。」

三、殷商時代之邊疆民族

氐羌

按應為前述《五帝・舜本紀》中之氐羌。其後歷夏朝四百餘年，諸書未見氐羌之名，及《詩・商頌・殷武》乃有「昔有成湯，自彼氐羌，莫敢不來享」之句，《竹書紀年》亦載：「湯十九年，氐羌來賓」。至於《後漢書

·西羌傳》：「武丁征西羌鬼方，三年克之。」又《竹書紀年》：「武丁三十四年，克鬼方，氐羌來賓。」二處均將「鬼方與氐羌」併述，顯見關係密切，詳見「鬼方」條。

西戎

按即前述夏朝時之西戎。《竹書紀年》：「太戊二十六年，西戎來賓，王使王孟聘西戎。」

又云：「祖甲十二年，征西戎，十三年西戎來賓，命邠侯組紺。」按西戎包括種落甚多，究屬何支？乏考。

九夷

按即前述夏時九夷。《竹書紀年》：「太戊六十一年，東九夷來賓。」《後漢書·東夷傳》：「武乙時國中衰敝，東夷寖盛。」所云東夷亦屬九夷之種。

藍夷

《竹書紀年》：「仲丁六年，征藍夷。」《後漢書·東夷傳》：「至子仲丁，藍夷作寇。」唐·章懷太子注：「仲丁即位，征于藍夷。」文中多一「于」字，是否為九夷中之「于夷」而稱「于藍夷」無確考。又《竹書紀年》：「河亶甲四年，征藍夷。」

山戎

《竹書紀年》：「陽甲三年，西征丹山戎。」按即前述《史記·匈奴傳》中所稱「唐虞以上之山戎。」《竹書》注謂「西征得一丹山。」《古今地名大辭典》引郭景純云：「丹山在丹陽，屬巴，丹山西，即巫山也。」此山戎，屬於丹山之戎或是。

鬼方

《易·既濟》爻辭：「高宗伐鬼方，三年克之。」又〈未濟〉爻辭云：「高宗伐鬼方，三年有賞於大國。」是鬼方乃前述諸戎中最大部落，商伐鬼方又為其一大事。鬼方居住地據《詩·大雅·蕩》載：「內奰于中國，覃及鬼方。」傳曰：「鬼方，遠方

也。」孔穎達云：「覃及是及遠，故知鬼方為遠方，未知何方也。《易·既濟·九三》：高宗伐鬼方，三年乃克。〈象〉曰：『憊也』。言疲憊而後克之，以高宗之賢，用師三年，憊而乃克，明鬼方是遠方也。」《竹書紀年》：「武丁（高宗）三十二年，伐鬼方，次于荊。三十四年克鬼方，氐羌來賓。」《後漢書·西羌傳》：「武丁征西羌鬼方，三年乃克。」《通典》、《通志》、《文獻通考》亦均云：「武丁征西戎鬼方克之。」然鬼方之位置，春秋以降約有於下數說：

西方說：《後漢書·章帝紀》有司奏言云：「孝明皇帝聖德淳茂，劬勞日具，身御浣衣，食無兼珍，澤臻四表，遠人慕化，僬僥儋耳，疑塞自立，克伐鬼方，開道西域。」按前引《後漢書·西羌傳》：「武丁征西羌鬼方」；以及三通均云：「武丁征西戎鬼方克之。」；又《竹書紀年》：「武乙三十五年，周王季伐西落鬼戎。」皆以為鬼方屬西戎，居西方也。

南方說：前引《竹書紀年》：「武丁三十二年，伐鬼方，次于荊。」《詩·商頌·殷武》：「撻彼殷武，奮伐荊楚。」故疑周之荊楚乃商時鬼方之地也。

北方說：干寶《易注》云：「鬼方，北方國也。」

西南方說：《清一統志》：「貴州，商周為鬼方地。」

另王國維曾作〈鬼方考〉：「鬼方地在汧隴之間，或更其西，雖游牧之族，非有定居，然殷商間之鬼方，其一部落必在此間無疑也，然其全境，猶當環周之西北二垂，而控其東北。」

　　細察前述諸說，雖分西、北、南、西南諸方，實則並不衝突，即以荊楚之地而言，本即涉及鄂、川、湘諸地，亦為古戎族活動之區。前已述及，西戎種落甚多，前後稱謂不定，而變遷又大，商之鬼方，若上溯即西戎，如下推即匈奴，名雖異而實同也。

犬戎（畎夷、昆夷等別稱）

《後漢書·西羌傳》：「武乙暴虐，犬戎寇邊。」

按犬戎之患起自帝嚳。至夏時，犬戎稱曰畎夷，均見前述。然考此畎夷，既列入後《漢書東·夷傳》及《通典》、《通志》、《文獻通考》之〈東夷序略〉中，何以又列乞其〈西羌傳〉及其〈西戎序略〉中。「夷」雖為「四蕃」之總號，然「犬戎」（畎夷）屬東？屬西？應有界別，今考其因，古之遊牧部族，遷徙無常，其先屬東夷之類，之後輾轉西戎，故又屬「西戎」之類矣。

昆夷（犬戎、畎夷、混夷、串夷等別稱）

《竹書紀年》：「帝乙三年，王命南仲西拒昆夷，城朔方。」
《孟子·梁惠王》有「文王事昆夷」之句，《後漢書·西羌傳》：「及文王為西伯，西有昆夷之患。」亦作混夷，《詩·大雅·緜》：「混夷駾矣」。或作串夷，《詩·大雅·皇矣》：「串夷載路」。串同患，與混為一音之轉，亦與畎為一音之轉，故《史記》作畎夷，是昆夷實乃前述犬戎之別名。

以上乃就殷商時代直接與四周邊民發生關係者而言。迄周民自豳徙於岐下，未幾旁國歸之而聞名西方，及季歷，商授以「專征」之權，及昌，復授為「西伯」。其間季歷、西伯與戎狄關係頻繁，且及武王終率戎狄而克商。乍視之，雖屬周與戎狄之關係，實則此時周且為商之諸侯，其征討戎狄亦多奉商命而行，故仍屬商邊民為是，茲略介於次：

義渠

《竹書紀年》：「武乙三十年，周師伐義渠乃獲其君以歸。」

西落鬼戎

《竹書紀年》：「武乙三十五年，周公季歷伐西落鬼戎，俘二十翟王。」《後漢書·西羌傳》：「及子季歷，遂伐西落鬼戎。」按此西落鬼戎，即前述鬼方。武丁曾大力討伐，至此已將征伐之責賦予西周，故自是以後，典籍即未見載商與西方戎狄之征戰。

燕京之戎

《竹書紀年》:「文丁二年,周公季歷伐燕京之戎敗績。」《後漢書・西羌傳》:「太丁之時,季歷復伐燕京之戎,戎人大敗周師。」按今山西舊太原府境為燕京之戎居位地。

余無之戎

《竹書紀年》:「文丁四年,周公季歷伐余無之戎,克之,命為牧師。」《後漢書・西羌傳》:「後二年,周人克余無人之戎,於是太丁命季歷為牧師。」

始乎之戎

《竹書紀年》:「文丁七年,周公季歷伐始乎之戎,克之。」《後漢書・西羌傳》:「自是之後,更伐始乎、翳徒之戎,皆克之。」

翳徒之戎

《竹書紀年》:「文丁十一年,周公季歷伐翳徒之戎,獲其三大夫來獻捷,王殺季歷。」《後漢書・西羌傳》僅云「伐翳徒之戎,克之。」朱云「獲其三大夫」及「殺王季」之事,此事亦未見〈周本紀〉,然《史通・疑古篇》、《雜說篇》兩引皆作文丁殺季歷,未悉何故何本,按情理,季歷既征戎有功,文丁豈有殺之之理。不然,以季歷有威權震主之嫌,而為文丁所忌乎,一如其後紂王之囚西伯也哉。

翟(玁狁)

《竹書紀年》:「帝辛十七年,西伯伐翟。」按翟與狄通,周民夏時奔於戎狄,殷時徙自戎狄。此戎狄即前述之葷粥、獯粥、獫狁、鬼方等名,《孟子・梁惠王》作獯鬻,朱注即狄人。《通典・北狄篇》:「唐虞則山戎,夏則獯鬻,周則獫狁。」又《說文》:「赤狄,本犬種。」可證。《詩・小雅・采薇篇》有「玁狁之故,不遑啟居。」及「豈不日戒,玁狁孔棘。」之句,乃西

伯為征玁狁而忙碌。朱熹《集傳》：「玁狁，北狄也。」《史記·匈奴傳》：「周西伯昌伐畎夷氏。」《索隱》：「韋昭云，春秋以為犬戎，按畎音犬，小顏云即昆夷也……賈逵云犬戎，戎之別種也。」《史記·周本紀》：「西伯蓋受命之君，明年伐犬戎」（《史記·齊太公世家》作「犬夷」）又《後漢書·西羌傳》：「及文王為西伯，西有昆夷之患，北有玁狁之難，遂攘戎狄而戍之，莫不賓服。」《逸周書》云：「文王立，北備玁狁。」由見，西伯北伐「翟」（狄），即獫狁也。又西伐犬戎（畎戎）即昆夷也。

蠻貊

《書·武成》：「予小子既獲仁人，敢祇承上帝，以遏亂略，華夏蠻貊，罔不率俾。……」按此「蠻貊」應指西、南、北三方邊民之總稱，惟不括東夷，蓋此時周未克商，勢力未達東方之故，劉節著《中國古代宗族移殖史論》認為「貊」乃中國古代中堅民族，三苗、九黎都是貊人，羌亦為貊之支系。故貊非某族之獨立稱號，《辭源》且曰「北狄曰貊」，《中庸》有「施及蠻貊」；《論語》有「言忠信，行篤敬，雖蠻貊之邦行矣。」是「蠻貊」為當時對諸邊民之另一總稱。

西夷

北狄

《書·仲虺之誥》：「東征，西夷怨，南征，北狄怨。」（並見《孟子》）按此應為對西、北兩方邊民之總稱。又如《書·牧誓》：「逖矣，西土之人。」亦然。為西方諸戎之總稱。蔡沈《書傳》：「逖，遠也，以其行役之遠，而慰勞之也。」

庸

蜀

羌

髳

微

盧

彭

濮人

　　《書・牧誓》：「我友邦家君……及庸、蜀、羌、髳、微、盧、
彭、濮人。……」蔡沈《傳》曰：「庸、濮人在江漢之南，羌在
西，蜀、髳、微在巴蜀，盧、彭在西北。武王伐紂，不期會者
八百國，今誓師獨稱八國者，蓋八國近周西都，素所服役，乃受
約束以戰者。」《史記・周本紀》相同，惟「盧」作「纑」。
《集解》：「孔安國曰：八國皆蠻、夷、狄、戎、。羌在西
蜀，髳、微在巴蜀，纑、彭在西北，庸、濮在江漢之間。」《正
義》：「髳音矛。《括地志》云：房州竹山縣及金州，古庸國。
益州及巴、利等州，皆古蜀國。隴右岷、洮、叢等州以西，羌
也。姚府以南，古髳國之地。戎府之南，古微、盧、彭三國之
地。濮在楚西南，有髳州、微、濮州、盧府、彭州焉。武王率西
南夷以伐紂也。」

四、周代之邊疆民族

　　周代邊民，種稱繁多，應分四個時期述之。

(一)周未克商時期

　　周本居住在戎狄之間，及古公亶父避戎狄而徙於岐下，營築城郭室屋，
西方之民多往歸之。其後經季歷、西伯昌而及子武王，開發西方，不遺餘
力。且商文丁命季歷為伯後，更得「專征伐」，因與西方邊民接觸頻繁，事
實上，當時周民本身亦可謂西方「邊民」，故《孟子》：「文王，西夷之人
也」。依據《詩經》、《書經》、《史記》、《竹書紀年》、《後漢書》諸
記載，其與周民有關之邊民約有：

　　義渠

西落鬼戎

燕京之戎

余無之戎

始乎之戎

翳徒之戎

翟（獫狁）

蠻貊

庸

蜀

羌

髳

微

盧

彭

濮人

其詳見前述。

(二)西周時期

　　自武王克殷，至幽王被犬戎襲殺，周平王東遷洛邑止，共三百五十二年，史家稱之曰「西周」，周武王代商而有「天下」，以「興滅國，繼絕世」為口號，勵行封建政策和宗法制度，以關中為「王畿」，分全國領土於先王裔及子弟功臣為諸侯，其不在封建或宗法之內者，自然成為周代邊民，但這些邊民並非全部居於諸侯王國之外，亦有若干居住王國之內部者，其詳於另章，茲列述其邊民於次。

九夷

八蠻

西旅

《書‧旅獒》：「惟克商，遂通道于九夷、八蠻、西旅，底貢厥獒。」按「九夷、八蠻」乃諸夷蠻之總稱，西旅乃西方戎中之旅國也。

肅慎

即前述五帝時代之息慎。《竹書紀年》：「武王十五年，肅慎氏來賀。成王九年，肅慎氏來朝，王使榮伯錫肅慎氏命。」《史記‧周本紀》：「成王既伐東夷，息慎來賀，王賜榮伯，作賄息慎之命。」《後漢書‧東夷傳》：「及武王滅紂，肅慎來獻石砮楛矢。……康王之時，肅慎復至。」

徐夷

《後漢書‧東夷傳》：「徐夷僭號，率九夷以伐宗周。」《竹書紀年》作「徐人或徐戎」。

萊夷

《史記‧齊太公世家》：「萊侯來伐，與之爭營邱，營邱邊萊，萊人，夷也。」

淮夷

《竹書紀年》：「成王二年，淮夷入于邶以叛。四年，王師伐淮夷遂入奄。」《史記‧齊太公世家》：「管蔡作亂，淮夷畔周。」《後漢書‧東夷傳》：「厲王無道，淮夷入寇」。

離戎

《竹書紀年》：「成王三十年，離戎來賓。」

犬戎（畎夷）

其詳已見前述。或稱戎，或戎狄並稱。《後漢書・西羌傳》：「至穆王時，戎狄不貢，王乃西征犬戎，獲其五王，又得四白鹿四白狼，王遂遷戎于太原。……厲王無道，戎狄寇掠。」《竹書紀年》：「穆王十二年，毛公班、共公利、逄公固帥師從王伐犬戎。冬十月，王北巡狩，遂征犬戎……十七年，王北伐，行流沙千里，積羽千里，征犬戎，取其五王以東。……懿王二十一年，虢公帥師北伐犬戎，敗逋。……幽王十一年，犬戎入宗周，弒王及鄭桓公，犬戎殺王子伯服，執褒姒以歸。」

太原之戎

按即前述犬戎被遷於太原者。《後漢書・西羌傳》：「夷王衰弱，荒服不朝，乃命虢公率六師，伐太原之戎，至于俞泉，獲馬千匹。」又云：「宣王廿七年，王遣兵伐太原之戎，不克。」

西戎

《竹書紀年》：「穆王十三年，西戎來賓。懿王七年，西戎侵鎬。孝王五年，西戎來獻馬。厲王十一年，西戎入於犬丘。宣王三年，王命大夫仲伐西戎。幽王四年，秦人伐西戎。九年，申侯聘西戎。」按此西戎即前述諸戎之泛稱，部落繁多。

條戎

奔戎

六濟之戎

《史記・晉世家》：「（穆侯）七年，伐條，生太子仇。十年，伐千畝有功。」《後漢書・西羌傳》：「後五年（宣王三十二年），王伐條戎、奔戎，三師敗績。……後十年，幽王命伯士伐六濟之戎，軍敗，伯士死焉。」《竹書紀年》：「宣王三十八年，王師及晉穆公伐條戎、奔戎，王師敗逋。」又云：「幽王六年，命伯士帥師伐六濟之戎，王師敗逋。」上述諸戎當亦屬西戎種落。

羌戎

《國語・周語》：「（宣王）三十九年，戰于千畝，王師敗績於姜氏之戎。」（《史記・周本紀》同）

《竹書紀年》：「宣王三十九年，王師伐羌戎，戰于千畝。」《後漢書・西羌傳》：「晉人敗北戎于汾隰，戎人滅姜侯之邑。」此事與前述條戎、奔戎有連帶關係，即周宣王與晉穆公伐條戎、奔戎敗績，其後晉侯勤王乃滅姜戎。

玁狁

按此玁狁即前述之翟（北狄），周未克殷之時，即嘗征之。《詩經》屢記其事。至周厲王時，王政寖衰。《詩・小雅・六月》云：「玁狁孔熾，我是用急，王于出征，以匡王國。……薄伐玁狁，以奏膚公，有嚴有翼，共武之服，以定王國。玁狁匪茹，整居焦穫，侵鎬及方，至于涇陽。……薄伐玁狁，至于大原，文武吉甫，萬邦為憲。」可見周伐玁狁為一大事。《竹書紀年》亦載：「厲王十四年，玁狁侵宗周西鄙。……宣王五年，尹吉甫帥師伐玁狁，至于大原。」

蠻荊

《詩・小雅・采芑：「蠢爾蠻荊，大邦為讎。……征伐玁狁，蠻荊來威。」《後漢書・南蠻傳》：「宣王中興，乃命方叔，南伐蠻方。」《竹書紀年》：「宣王五年秋，方叔帥師伐荊蠻。」

(三)春秋時期

周既東遷，王室日替，孔子作《春秋》，託始於魯隱公元年，即周平王四十九年，終於周敬王四十一年，孔子卒，是為春秋時代。杜預曰：「春秋經傳所載戎蠻之屬凡一百四十五年。」按為同種異號者多，茲依春秋經傳列舉要者如次：

戎

隱公二年《經》：「春，公會戎于潛。」、「秋八月庚辰，公及

戎盟于唐」。按此戎屬今山東省曹縣故戎城。

北戎

隱公九年《傳》：「北伐侵鄭。」桓公六年《傳》：「北戎伐齊」。按北戎約當今之河北省境，太行山麓。

盧戎（羅戎）

桓公十三年《傳》：「……羅與盧戎兩軍之，……」注曰：「盧戎，南蠻，即今中盧故城。」按今湖北省南漳縣東。

徐戎

莊公二十六年《經》：「公會宋人、齊人伐徐」。胡傳曰：「案書，伯禽嘗征徐戎。」按今江蘇泗縣西北。

驪戎

莊公二十八年《傳》：「晉伐驪戎。……」《史記·晉世家》：「獻公五年，伐驪戎，得驪姬。」《集解》：「韋昭曰，西戎之別在驪山也。」

山戎

莊公三十年《經》：「齊人伐山戎。」按今河北省灤縣為山戎所在地。

狄

莊公三十二年《經》：「狄伐邢。」注曰：「狄，北狄。」按狄之種落繁多，其詳於後。

犬戎

閔公二年《傳》：「虢公敗犬戎於渭汭。」按即前述之犬戎，約當今山西永濟縣。

皐落戎

閔公二年《傳》：「晉侯使太子申生伐東、西皐落戎。……」按即今山西省樂平縣東皐落山，為赤狄別種。

揚拒戎

泉皐戎

伊雒戎

僖公十一年《傳》：「揚拒、泉皐、伊雒之戎，同伐京師，入王城。……」江永《春秋地理考實》：「今河南洛陽縣西南，有前城、有戎城，即泉皐也。」服虔曰：「前讀泉，即泉戎也。」又按今河南雒陽西有戎城，在伊水、洛水之間，乃伊雒戎所在地。至於揚拒戎所在，漢晉各家均無注疏，按《左傳‧昭公二十二年》有「壬戌，劉子奔揚……」之句，江永《春秋地理考實》：按《傳》云：壬戌劉子奔揚，癸亥如劉。則今偃師劉亭是。揚吧距偃師不出百里外，當即僖公十一年揚拒、泉皐之揚。」

淮夷

僖公十三年《傳》：「夏，會于鹹，淮夷病杞故，且謀王室也。」注：（淮夷，魯東夷。）按即前述淮水之夷人。

陸渾之戎（杜注又名陰戎）

僖公廿二年《傳》：「秋，秦晉遷陸渾之戎于伊川。」杜注云：「允姓之戎居陸渾，在秦西北，二國誘而遷之伊川。」孔氏《正義》曰：「此戎本處瓜州，明遠在秦晉之西北，秦貪其土，晉貪其人，二國共誘而使遷。」趙鐵寒氏云：「未遷之先，此戎已名陸渾，既遷之後，遂以新居伊川為陸渾，從其族名也，其地在今河南嵩山下東北。」

廧咎如（赤狄別種）

僖公二十三年《傳》：「……狄人伐廧咎如，獲其二女，叔隗、季隗，納諸公子，公子取季隗……」

姜戎

僖公三十三年《經》：「夏四月辛巳，晉人及姜戎敗秦于殽。」
按姜戎一名已見於西周宣王時代，且為晉侯所滅。此姜戎非彼姜
戎。趙鐵寒氏考證云：「宣王二十六年，姜邑之滅，自是姜戎之
重大打擊，此後遂絕跡於典籍，迨一百八十六年之後（《春秋・
僖公三十三年》），又有姜戎之名出現，而後出之姜戎，系出於
陸渾（蓋《左傳・襄公十四》載：范宣子執戎子駒支，范宣子親
數諸朝曰：「來！姜戎氏。昔秦迫逐乃祖吾離於瓜州，乃祖吾離
被苫蓋，蒙荊棘，以來歸我先君。……」對曰：「昔秦人負恃其
眾，貪于土地，逐我諸戎，惠公蠲其大德，謂我諸戎，是四嶽之
裔冑也，毋是翦棄，賜我南鄙之田。……」）遷晉以後，居於晉
之南鄙，其地亦與千畝之在晉北者不同。此本陸渾之戎，遷於伊
洛之區者，仍名陸渾，遷於晉之南鄙者，何以名曰姜戎？史闕有
間，不得其詳，意者已滅之姜戎，名顯於晉，歷史不衰，晉人乃
以其名加於陸渾新來之種，亦未可知也。」

長狄

文公十一年《傳》：「鄋瞞侵齊，遂伐我。……敗狄于鹹，獲長
狄僑如。」杜氏注鄋瞞之名云：「狄國名，防風之後，漆姓。」
《說文》：「鄋北方長狄國也。在夏為防風氏，殷為汪芒氏。」
以上若因襲《國語・魯語》而來，蓋〈魯語〉記孔子之言云：
「汪芒氏之君也，守封嵎之山者也，為漆姓，在虞夏商為汪芒
氏，於周為長狄，今為大人。」韋昭注：「封嵎二山，在今吳郡
永安縣，周世，其國北遷為長狄。」長狄者狀其身絕人，韋註：
「計之三丈則防風氏也。」

百濮

文公十六年《傳》云：「楚大飢，戎伐其西南，……庸人帥群蠻
以叛楚，麇人率百濮聚於選。……」杜註：「百濮，夷也。」
疏：「釋例，建寧郡南有濮夷，無君長總統，各以邑落自聚，故

稱百濮。」按與本書前引〈牧誓〉中濮人有關，今湖北省，石首縣以南，直到湖南省常德等地，皆為百濮散處。

赤狄

宣公三年《經》：「秋，赤狄侵齊。」余氏光曰：「赤狄隗姓，別為一種，在山西潞州以北，而東界黎城，即古黎國也，其種有潞氏、甲氏、留吁，壤地相連者也，赤狄距齊甚遠，令其侵齊，始見於經。」趙鐵寒氏〈春秋時期戎狄的地理分布及其源流〉云：「上黨區之狄，來自西河，下太行，以併北狄，侵齊、魯以兼濟西之戎。僖文之世，狄禍屢見於經傳，除僖十七年，狄伐晉取狐廚，三十七年，晉敗狄於箕，兩役為白狄，僖二十五年周襄王以狄伐鄭取櫟，為伊洛之戎外，餘皆此區之狄也。左成十六年傳記鄢陵之戰，范文子之言曰：『吾先君之亟戰也有故，秦、狄、齊、楚皆強，不盡力子孫將弱，今三強服矣，敵楚而已。』所謂狄，即此狄也。其強與齊、楚、秦比，可見其為春秋之世戎狄主力之大患也。宣公以下，以其與白狄分道入寇，故加赤以別之，經傳所謂赤狄者，仍即此區之狄也。』按宣十五年「晉滅赤狄潞氏」。宣十六年「晉滅赤狄甲氏、留吁。」

白狄

宣公八年《經》：「晉師、白狄伐秦。」注曰：「白狄始見經。」《左氏傳》曰：「春，白狄及晉平。夏，會晉伐秦。」其所以稱「白」狄者，以別於前述「赤」狄之意。赤、白二狄同出一源，由西河東徙至於太行者曰赤狄，仍留原地未徙者曰白狄，僖公三十三年《傳》：「狄伐晉，及箕，八月戊子，晉侯，敗狄于箕，郤缺獲白狄子。……」再前固無赤、白之分也。白狄所居，在乎雍州，成十三年傳，呂相絕秦之言，可為佐證。呂相曰：「白狄及君同州，君之讎而我之昏姻也。」所謂「我之昏姻」，乃指莊公二十八年《傳》：「晉伐驪戎，驪戎男，女以驪姬歸。」而言，可見先此之戎，即此後之戎，又乃知戎狄同源之例證也。

根牟

宣公九年《經》：「秋，取根牟。」註：「東夷國也」。今山東沂水縣東南。

潞氏

甲氏

留吁

均赤狄別種，已於前述，宣公十五年：「晉滅赤狄潞氏」；宣公十六年：「晉滅赤狄甲氏、留吁」。《彙纂》：「今山西潞城縣東北四十里，有古潞城。」甲氏在今山西省長子縣東南。留吁在今山西省長治縣。

茅戎

成公元年《傳》：「遂伐茅戎」。註：「茅戎，戎別種也。」今河南陝縣北。《公》、《穀》二傳稱茅為「貿」。按茅又通髳及髦，前引《書·牧誓》，周武王克殷曾髳人，此茅人或乃自西方入居中原者。

萊

襄公二年《傳》：「齊侯伐萊。」按即前述夏朝時之萊夷。

無終

襄公四年《傳》：「無終子嘉父使孟樂如晉……以請和諸戎。」按無終屬於山戎國，今河北玉田縣。或云原本在太原東境，後為晉所敗滅，徙于燕薊之東，故昭公五年《傳》：「晉敗無終及群狄于太原」是也。

東夷

昭公五年《傳》：「楚子以諸侯及東夷伐吳。」按「東夷」為東方諸夷之總稱，此處之東夷或指淮夷而言，蓋楚之伐吳曾於昭公四年有之，且此役與前役本一役之延續，而前役據經文載稱：

「楚子……淮夷伐吳。」此役據經文亦云：「楚子……徐人、越人伐吳。」故證之傳文中之「東夷」乃經文中之「淮夷」也。

鮮虞

昭公十二年《傳》：「晉假道於鮮虞。」註：「鮮虞，白狄別種。」今河北正定縣西北四十里之新市城。

肥

昭公十二年《傳》：「晉滅肥。」亦為白狄別種，今山西昔陽縣東五十里有昔陽故城，即其國都。《左傳》載晉滅肥：「假道於鮮虞，遂入昔陽」一語可證。

鼓

昭公十五年《傳》：「晉圍鼓。」昭公二十二年滅之。杜註：鼓亦為白狄別種。今河北晉縣是也。

戎蠻子

昭公十六年《經》：「楚子誘戎蠻子殺之」。註曰：「河南新城縣東南有蠻城。」今洛陽城南伊闕之間。

九州之戎

昭公二十二年《傳》：「晉率九州之狄以納王于王城。」按即前述陸渾之戎。趙鐵寒氏云：「陸渾之戎，昭公十七年滅於晉，晉析其地置九州，屬於陰地，其後即不名陸渾而改名九州。」哀公四年《傳》：「士蔑乃致九州之戎。」杜註：「九州戎在晉陰地陸渾者。」

陰戎

《後漢書·西羌傳》：「允姓戎遷於渭汭，東及轘轅，在河南山北者，號曰陰戎，陰戎之種，遂以滋廣。」註曰：「允姓，陰戎之祖，與三苗俱放三危。」是陰戎乃前述陸渾戎之別稱也。

亳

《史記·秦本紀》：「秦寧公三年與亳戰，亳王奔戎。」《集解》引皇甫謐云：「亳王號湯，西夷之國也。」

另按《史記·匈奴傳》稱：「秦穆公得由余，西戎八國服於秦，故自隴以西，有緜諸，緄戎、翟䝠之戎；岐梁山涇漆之北有義渠、大荔、烏氏、朐衍之戎；而晉北有林胡、樓煩之戎；燕北有東胡、山戎，各分散居谿谷，自有君長，往往而聚者，百有餘戎。」

緜諸：《史記正義》：「《括地志》云：緜諸城，秦州秦嶺縣北五十六里，漢緜諸道，屬天水郡。」按今之甘肅天水縣東。

緄戎：《史記正義》：「緄音昆，字當作混。顏師古云：混夷也。韋昭云：《春秋》以為犬戎。」按或即前述殷商時代之昆夷。

翟䝠：《史記集解》：「徐廣曰，在天水，䝠音丸。」《索隱》：「〈地理志〉，天水有緜諸道、狄道。應劭以䝠戎邑，音桓。」《正義》：「《括地志》云：䝠道故城在渭州襄武縣東南三十七里，古之䝠戎邑，漢䝠道，屬天水縣邑。」

義渠：《史記正義》：「《括地志》云：寧州、慶州、西戎，即劉拘邑城，時為義渠戎國，秦為北地郡也。」今甘肅舊慶陽府及涇州之地。

大荔：《史記正義》：「《括地志》云：同州馮翊縣及朝邑縣，本漢臨晉縣地，古大荔戎國，今朝邑縣東三十步故王城，即大荔王城。」即今陝西大荔縣治。

烏氏：《史記正義》：「氏音支。《括地志》云：烏氏故城在涇州安定縣東三十里，周之故地，後入戎，秦惠王取之，置烏氏縣也。」今甘肅涇川縣，〈貨殖傳〉所載烏氏倮畜牧，谷量馬牛，秦始皇令倮比封君，即其人也。

胸衍：《史記正義》：「《括地志》云：鹽州，古戎狄居之，即胸衍之地，秦北地郡也。」

林胡：《史記集解》：「如淳曰：林胡，即儋林，為李牧所滅。」《正義》：「《括地志》云：朔州，春秋時北地也。」

樓煩：《史記索隱》：「〈地理志〉：樓煩，縣名，屬雁門，應劭云：故樓煩胡也。」

東胡：《史記索隱》：「服虔曰，東胡，烏丸之先，後為鮮卑，在匈奴東故曰東胡。」

(四)戰國時期

上述戎狄蠻夷，經過二百餘年之彼此征戰，或為強者併滅，散為民戶，或被遂出中原，據險為塞，至戰國之世，而尚見於史籍者，僅餘左列各種。

義渠

《史記·匈奴傳》：「其後義渠之戎，築城郭以自守。」

林胡

樓煩

東胡

《史記·趙世家》：「北有燕，東有東胡，西有林胡、樓煩，秦韓之邊。」

中山

按即白狄別種，鮮虞餘種所建，戰國初期為東方強國。《史記·趙世家》：「今中山在我腹心」。

匈奴

《史記·秦本紀》：「秦惠王更元七年，韓、趙、魏、燕、齊帥匈奴共攻秦。」《史記·匈奴傳》：「匈奴，其先祖夏后氏之苗裔也，曰淳維。……」而匈奴之名迄戰國始見書於傳。

大荔

　《史記・秦本紀》：「秦厲公十六年，以兵二萬伐大荔。」

伐戎

　《後漢書・西羌傳》：「趙亦滅代戎，即北戎也。」

陰戎

　《後漢書・西羌傳》：「韓、魏復共稍幷伊、洛、陰戎、滅
　之。」

第四章　上古邊疆民族之血緣探源

　　前述五帝、夏、商、周各代邊疆民族，雖云數十種之多，然非數十異種，歸納之，多屬同種異名，同宗異稱。

　　如葷粥（《史記‧五帝本紀》）又名熏粥、鬼方、獫狁（均見《史記‧匈奴傳》），而《史記‧匈奴傳‧索隱》及應劭《風俗通》又作獯粥。《孟子‧梁惠王》又作獯粥（鬻），《路史》更別名葷育。樂彥《括地譜》作熏育，至於獫狁（《史記‧匈奴傳》及《集解》）《詩經》又作玁狁，朱子認為即「狄人」《呂覽》高注作玁允，諸史家又謂玁狁為匈奴別名。司馬遷撰《史記》又將其與山戎混為一談。

　　如嵎夷（《書經》）又作郁夷（《史記》），孔安國又稱之為禺銕（《史記‧夏本紀‧索隱》）。

　　如息慎（《史記‧五帝本紀》），鄭玄作肅慎（《史記集解》），《括地志》又稱之為鳥夷（《史記‧夏本紀‧正義》引），而鳥夷又別稱島夷，〈禹貢〉中凡兩云「島夷」，所云「島夷皮服」即《史記‧夏本紀》中之「鳥夷皮服」，而「島夷卉服」亦即〈夏本紀〉中之「島夷卉服」，是鳥夷又稱島夷，而島夷卻非鳥夷。

　　如犬戎（《後漢書‧南蠻傳》）或作犬夷（《史記‧齊太公世家》）、畎夷（《後漢書‧東夷傳》及《通典》）、畎戎（《竹書紀年》），又稱昆夷（《竹書》及《孟子》）、混夷、串夷（《後漢書‧西羌傳》及《詩‧大雅》），或更作緄戎（《史記‧匈奴傳‧正義》）。

　　如西戎包括種類繁多，崑崙、析支、渠搜、西落鬼戎、燕京之戎、余無之戎、始呼之戎、翳徒之戎、離戎、條戎、奔戎、六濟之戎、陸渾之戎（又名陰戎、羌戎）等等。

　　如東夷，包括淮夷、徐夷（又作徐戎）、風夷、黃夷、于夷、白夷、赤夷、方夷、元夷、玄夷、陽夷。

　　如狄，又作翟，其總稱曰「北狄」。分長狄、赤狄、白狄。赤狄又分廧

咎如、路氏、甲氏、留吁、皋落戎。白狄又分鮮虞、肥、鼓，至戰國，狄皆滅，鮮虞餘種又建中山。百有餘年再為趙滅，其後見於史書者為東胡與匈奴。

此外，蠻，又曰南蠻、荊蠻。苗，或曰三苗，或作有苗。

以上均散見前章各節。茲探其血源，無不與中原各族有其關係。

一、三苗

《史記·五帝本紀·集解》引賈逵曰：「縉雲氏，姜姓也，炎帝之苗裔。」又《正義》：「縉雲氏即三苗之裔。」又按《國語·晉語》：「昔少典娶於有蟜氏，生黃帝、炎帝。黃帝以姬水成，炎帝以姜水成，成而異德，故黃帝為姬，炎帝為姜。……」賈誼《新書》亦云：「炎帝者，黃帝同父母弟也。」《通鑑外紀》註引《初學記》等書亦云：「黃帝母曰附寶，其先即炎帝母家有蟜氏之女，世與少典氏婚。及神農氏之末，少典氏又娶附寶，而生黃帝。」《路史》：「初，少典氏取於有蟜氏是曰安登，生子二人，一為黃帝之先，襲少典氏，一為神農，是為炎帝，炎帝長於姜水，成為姜姓。」又按徐中舒〈陳侯四器考釋〉一文，戰國初年齊國之銅器有「高祖黃帝」銘文。按《史記·齊世家》，齊國乃呂尚姜太公之後，《索隱》引譙周曰：「呂尚，姓姜，名牙，炎帝之裔。」齊既為姜姓神農之後，又稱黃帝為其高祖，依此推溯，凡姜姓之後皆為同祖同宗。前已述及，神農為中國農業之祖，其後多在江南從事農業，稱之曰「黎民」，孔氏《尚書·正義·呂刑疏》引鄭玄云：「苗民即九黎之後。」前述之蚩尤又為九黎之君長，黃帝擒殺蚩尤，然未罪及遺民，歷顓頊、堯、舜、禹四代，皆居「江淮荊州」，史稱「三苗」，其所以稱之曰「苗」，苗者從草從田，謂為「農耕」生活之民也。這些「苗民」中之「頑民」、至堯舜時被遷至「三危」，河西諸羌俱其類也。《後漢書·西羌傳》：「西羌之本，出自三苗，姜姓之別也。」羅蘋註《路史》雖反對其說，卻主縉雲氏為黃帝之裔，將三苗一系依《山海經》認為出自顓頊，要皆炎黃之裔則一也。外則遠移之西南，今之越、泰兩國亦謂其為神農之裔也。

二、西戎

　　非指某一「戎族」而言，應為西方諸「戎」之總稱。故《史記》將西方諸戎與北方諸狄皆納入〈匈奴傳〉；《後漢書》亦將其列入〈西羌傳〉內一併敍述。且云：「西羌之本，出自三苗，姜姓之別也。」自是「三苗」之名不復存查，演變為後世之諸戎。是西戎皆為姜姓之後。雖出自高陽，但長于西羌，西夷之人也（《路史》）。左襄公十四年《傳》稱：「范宣子將執戎子駒支……對曰：昔秦人負恃其眾，貪于土地，逐我諸戎，惠公蠲其大德，謂我諸戎，是四嶽之裔胄也。」又《史記·田敬仲完世家》：「陳完者，陳厲公他之子也，姜姓，四嶽之後。」按《集解》引杜預云：「姜姓之先為堯四嶽也。」又《史記·齊世家·索隱》引譙周曰：「呂尚，姓姜，名牙，炎帝之裔，伯夷之後，掌四嶽有功，封于呂，子孫從其封姓，呂尚其後也。」由見西戎為神農炎帝之後，與黃帝、夏、商、周皆同祖。

三、犬戎

　　犬戎與西戎同種異稱，有時難分難解，《春秋左傳·閔公二年》：「虢公敗犬戎於渭汭。」杜註：「犬戎、西戎別在中國者。」然若干史書對其血緣又別有記載。《史記·匈奴傳·索隱》引《山海經》云：「黃帝生苗，苗生龍，龍生融，融生吾，吾生幷明，幷明生白，白生犬，犬有二牡，是為犬戎。」顏師古注《漢書·匈奴傳》亦引《山海經》，文字略有不同，謂：「黃帝生苗龍，苗龍生融吾，融吾生弄明，弄明生白犬，白犬有二牝牡，是為犬戎。」余按《山海經·大荒北經》云：「大荒之中，有山名曰融父山，頑水入焉，有人名曰犬戎。黃帝生苗龍，苗龍生融吾，融吾生弄明，弄明生白犬，白犬有牝牡，是為犬戎，肉食。」而《路史》之說法又不同：「黃帝……元妃西陵氏曰儽祖，生昌意、玄囂、龍苗……龍苗生吾融為吾氏，吾融生卞明，封于卞為卞氏，卞明弃其守，降之南裔生白犬，是為蠻人之祖。」按諸說所不同者惟「幷明、弄明、卞明」；「融吾、吾融」以及「苗龍、龍苗」之分，羅蘋註《路史》以為「卞明、吾融、龍苗」為是，然未悉所本。筆者以為雖名氏不同，要之皆認為犬戎出自黃帝血系則一也。（另干寶《搜

神記》以犬戎為槃瓠後裔，詳見後）

　　戎狄亦即前述西戎、犬戎、惟種名繁多、故再引證之。《史記·五帝本紀·黃帝紀》：「黃帝廿五子，其得姓者十四人。」（《索隱》：舊解破四為三，言得姓十三人耳。）則其不知姓者十一人，顯然，如此眾多遺裔，子又生孫，孫又生子，子子孫孫移徙南北各地，其後歷夏、商、周千有餘年之演變，而至於秦漢魏晉，血統之混雜，繁衍之廣遠，不言而知。《路史·後紀五》載云：「黃帝元妃西陵氏曰儽祖，生昌意、玄囂、龍苗。昌意就德遜居若水，有子三人，長曰乾荒，次安季悃，乾荒生帝顓頊是為高陽氏。安處西土，後曰安息。漢來復者為安氏延、李氏。悃遷北土，後為党項之辟為拓跋氏，至鬱律二子，長沙莫雄，次什翼犍，初王于代，七子其七窟咄生魏帝道武，始都洛為元氏，十五世百有六十一年，周齊滅之。有黨氏、奚氏、達奚氏、乞伏氏、紇骨氏、什氏、乾氏、烏氏、源氏、賀拔氏、拔拔氏、萬俟氏、乙旃氏、禿髮氏、周氏、長孫氏、車非氏、兀氏、郭氏、俟亥氏、車焜氏、普氏、李氏、八氏、十姓俱其出也。……」又《路史·後紀·小昊篇》云：「小昊青陽氏，紀姓，名質，是為摯，其父曰清，黃帝之第五子方儽氏之生也。……有子都姓，虞帝投之幽州，是為陰戎之祖。巳氏、格氏、戎氏、允戎氏、戎州氏皆允類也。」《路史·後紀八》又載：「無終為周之後」；「根牟為顓頊之後」；「百濮為高陽之後。」《路史·後紀九下》載狄人與周人血統有關：「狄子塞侯，偕武穆也，後各為氏。」羅蘋註云：「《唐表》云：成王封母弟孝伯於狄城，為狄氏，孔子弟子有狄黑。《廣韻》云：春秋狄國之後。」《路史》又云：「成王俟次子于翟為白氏。」以外，屬於白狄之肥、鼓、鮮虞、中山等國皆出自高辛氏之系統。

　　然《路史》又認為凡戎狄均神農姜氏之血系。《路史·後紀》卷四〈炎帝紀下〉云：「炎帝參盧是曰榆罔，居空桑，政束急務，乘人而鬥其捷，於是諸侯攜貳，乃分正二卿，命蚩尤宇于小顥，以臨西方司百工，德不能御蚩尤，產亂逐帝而居于涿鹿，頓戟一怒，幷吞亡親。黃帝時為有熊氏，實懋聖德，諸侯利寶之。參盧大懼，謖於熊，黃帝乃暨力牧、神皇、風后、鄧伯溫之徒，及蚩尤氏轉戰，執蚩尤而誅之。於是四方之侯爭辨者賓祭于熊，爰代炎輝是黃帝，乃封參盧於路，而崇炎帝之祀於陳、潞、露也，潞是後繁于河之北東，商周為赤白之狄，狄歷廥咎、皐落九州之戎，有隗氏、狄氏、落

氏、皐落氏、戎氏、戎子氏、袁紇氏、斛律氏、解批氏、烏護氏、紇骨氏、臺利吐氏、異其斥氏、回紇九姓、高車十二族其衍也。路子嬰兒甲氏、留吁氏、姜路之餘，晉滅之，後有路氏、路氏、路中氏、露氏、甲氏、榆氏、伊、列、舟、駘、戲、怡、向、州、薄、甘、隋、紀，皆姜國也。」羅蘋註云：「主符云：炎帝後姜戎、伊洛、陸渾也。故戎子駒支曰：謂我諸戎，四嶽之後，揚拒、泉皐、吾離等皆是也。宣子謂駒支曰：昔秦人迫逐，祖離於瓜州，吾離來歸，惠公與之田，居伊川，陸與允姓陰戎各別。平王之末，渭首有狄貘邽之戎，涇北有義渠戎，洛川有大荔戎，渭南有驪戎，潁首有蠻氏戎、伊洛、揚拒之戎，義渠、大荔、驪戎為少昊後，他皆姜姓。」

關於大荔戎，陳槃氏別有詳考，認為非少昊之後，乃姜姓也，其文云：「今案全氏謂大荔亦名芮戎，本居北地郡，說殆可信。芮有二：其一，殷、周時『虞、芮質厥成』之芮；其二，周武、成時姬姓之芮。殷、周時之芮蓋姜姓，亦即羌姓。本居芮水流域（水發源于今甘肅、隴縣西四十里），厥後則順流以入涇河流域，更由涇河東南下而入黃河，遂居芮城（今山西芮城縣）；周初封建，則居大荔。然或其東遷時即嘗居大荔，繼遷芮城，最後則復居大荔，亦未可知也。姜姓之芮，蓋為周武所滅，以封同姓（姬），春秋時大荔之芮是也。然其前本芮戎、芮姜（羌）是也。蓋其原出于西戎，已居大荔，猶留戎號，大荔之戎是也。」（見陳氏〈春秋時代的大荔、翟貘之戎〉一文）又關於「翟（狄）貘之戎」陳氏頗同其說，其文云：「《路史・後紀四・炎帝參盧篇》註之，貘，姜姓。案《魏略》引〈西戎傳〉，謂古貘戎即氏人。考古氏國姜姓，出于炎帝，此與羅氏註說合。然羅氏直以為炎帝參盧之後，此則所未詳也。」（同前）

又錢大昕《通鑑注》，引《姓譜》云：「武王封箕子於朝鮮，支子仲食采於于，因以鮮于為氏。是鮮虞與鮮于，是一非二矣。初封為子姓國，其後晉滅子姓之鮮虞而封以姬姓，故曰先子姓後姬姓耳。」前之鮮虞屬狄類，則殷狄實同宗也。其後狄晉血統更為複雜，如晉獻公五年伐驪戎，得驪姬生子奚齊；獻公又娶翟之狐

氏女生重耳，晉國內亂，重耳逃奔狄，「至狄，狄伐赤狄別種咎如，得二女，以長女妻重耳，生伯鯈叔劉，以少女妻趙衰，生盾。重耳居狄十二年。」（〈晉世家〉）是晉文公母本狄人，其妻已為狄人，則其本人與子孫之血統，一大半屬于狄人血統矣。

又東胡亦與高辛氏有關，《路史·後紀九下》載云：「高辛游海濱過棘城，闞顓頊之虛樂之，暨其歸居，獸越于昌黎，邑于紫蒙之野，號曰東胡，漢初敗于凶奴，退保鮮卑之山曰鮮卑，是曰烏丸。」至于匈奴，《史記·匈奴傳》：「匈奴，其先祖夏后氏之苗裔也，曰淳維。」《索隱》引張晏曰：「淳維以殷時奔北邊。」又引樂彥《括地譜》云：「夏桀無道，湯放鳴條，三年而死，其子獯粥，妻桀之眾妾，避居北野，隨畜移徙，中國謂之匈奴，其言夏后氏苗裔，或當然也。」又鄭樵《通志·北國序略》云：「北國之先，皆軒轅氏之苗裔。」《路史》：「桀崩，其子淳維，妻其眾妾，遁於北野，隨裔轉徙，號葷育，逮周日盛，曰獫狁。」

四、蠻苗

《後漢書·南蠻傳》云：「昔高辛氏有犬戎之寇，帝患其侵暴而征伐不剋，乃訪募天下，有能得犬戎之將吳將軍頭者，贈黃金千鎰，邑萬家，又妻以少女。時帝有畜狗，其毛五采，名曰槃瓠。下令之後，槃瓠遂銜人頭造闕下，群臣怪而診之，乃吳將軍首也。帝大喜，而計槃瓠不可妻之以女，又無封爵之道，議欲有報，而未知所宜。女聞之，以為帝皇下令不可違信，因請行；帝不得已，乃以女配槃瓠，槃瓠得女，負而走入南山，止石室中，所處險絕，人跡不至，於是解去衣裳，為僕鑒（豎）之結，著獨立之衣。帝悲思之，遣使尋求，輒遇風雨震晦，使者不得進，經三年，生子一十二人，六男六女。槃瓠死後，因自相夫妻，織績木皮，染以草實，好五色衣服，製裁皆有尾形。其母後歸，以狀

白帝，於是使迎致諸子。衣裳斑蘭，語言侏離，好入山壑，不樂平曠。帝順其意，賜以名山廣澤，其後滋蔓，號曰蠻夷。外痴內黠，安土重舊。以先父之功，母帝之女，田作賈販，無關梁符傳租稅之賦，有邑君長皆賜印綬，冠用獺皮。名渠帥曰精夫，相呼為姎徒，今長沙武陵蠻是也。」

《三才圖會》與《後漢書》略同，且述其槃瓠之由來。其文云：「槃瓠者，帝嚳高辛氏宮中老婦，有耳疾，挑之有物如繭，以瓠離盛之，以盤覆之，有頃化為犬，五色，因名瓠犬。時有犬戎之寇，募能得吳將軍者妻以女。瓠犬俄頃銜吳人頭詣闕下，乃吳將軍之首也。帝大喜，欲報之事，未知所宜，女聞帝下令，不可違信，因請行，帝不得已以女妻之。瓠犬負女入南山石室中，三年，生六男六女，其母以狀白帝，於是迎諸子，言語侏離，帝賜以名山大澤，其後滋曼，長沙武陵蠻是也。」章懷太子注《後漢書》引《魏略》亦云：「高辛氏有老婦，居王室，得耳疾，挑之乃得物，大如繭，婦人盛瓠中，覆之以槃，俄頃化為犬，其文五色，因名槃瓠。」《三才圖會》蓋本此。而干寶《搜神記》將此故事本末倒置，以槃瓠之後裔為犬戎。其文云：「昔高辛氏有房王作亂，憂國危亡，帝乃召群臣，有得房氏首者賜千金，分賞美女。群臣見房氏兵強馬壯，難以獲之。帝辛有犬名曰槃瓠，其毛五色，常隨帝出入，其日忽失此犬，經三日以上，不知所在，帝甚怪之。其犬走投房王，房王見之大悅，謂左右曰：『帝辛其喪乎，犬猶棄王投吾，吾必興也。』房氏乃大張宴會，為犬作樂。其夜房氏飲酒而臥，槃瓠咬王首而還。帝辛見犬銜房首大悅，厚以肉糜飼之，竟不食，經一日，帝呼犬亦不起，帝曰：『如何不食，呼不來，莫是恨朕不賞乎，今當依召募賞汝物，得否？』槃瓠聞帝此言，即起跳躍，帝乃封槃瓠為桂林侯（一作會稽郡）一千戶，後生三男六女，其男當生之時，雖似人形，猶有犬尾。其後子孫昌益，號為犬戎之國，周幽王為犬戎所殺，只今土番，乃槃瓠之孕也。」所言雖亦成理，然本篇旨在探蠻苗血緣，而《後漢書》應是參採應劭《風俗通》；郭璞《山海經注》；干寶

《搜神記》諸書揉合而成，而又乃正史，故從〈南蠻傳〉中之說，況《玄中記》、《太平御覽》、《藝文類聚》諸書皆從說也。

以外吾人探尋南方諸邊民之血緣，似多與槃瓠有關。

《古今圖書集成》卷一四一云：「南越王有犬名槃瓠，王被擒，其母傳令有能脫王歸者，當以王女妻之，槃瓠聞言，欣然往，竊負而逃，遂妻以女，槃瓠納諸石谷，與之交媾，生子數人，曰獋、曰猺、曰獠、曰狼、曰狑、曰狪，各成一族，自為部落，不相往來，故猺人多姓槃，嫌犬名不雅，改為盤，且冒稱盤古之裔，其實非也。」

章懷太子注《後漢書》云：「黃閔《武陵記》曰：山高可 萬仞 ，山半有槃瓠石室，可容數萬人，中有石林，槃瓠行跡。今案山窟前有石羊、石獸古跡，奇異尤多，望石窟大如三間屋，遙見一石，仍似狗形，蠻俗相傳云是槃瓠像也。」

干寶《晉紀》云：「武陵長沙盧江郡夷，槃瓠之後也，雜處五溪之內，槃瓠憑山阻險，每每常為害，糅雜魚肉，叩槽而號，以祭槃瓠，俗稱赤髀橫裙，即其子孫。」

陸次雲《峒谿纖志》云：「苗人，槃瓠之種也。帝嚳高辛氏以槃瓠有殲溪蠻之功，封其地，妻以女，生六男六女而為諸苗祖，盡夜郎境多有，……以十月朔為大節，歲首祭槃瓠，揉魚肉於木槽，扣槽群號以為禮。」

劉介《苗荒小紀》云：「狗頭猺犯狗，據苗人所謂，猺之始祖父犬而母人，或曰女為高辛氏公主，生子四，及長挈犬出獵，犬老憊不能工作，子怒推諸河死焉。及歸，其母問犬，子以告，母大慟，以實語子，子亟赴河負犬屍還，犬時口流鮮血，沿子胸部而下，子哀之，自後縫衣必紉紅線兩條，交叉於胸，所以為紀念也。按此說本屬不經，然曾於古籍，而猺衣服今猶相沿不變，且每年夏曆正朔，猺人必負犬繞行爐燈三匝，然後舉家拜之，謂必

如此，然後家運乃隆。」

劉錫蕃《嶺表紀蠻》云：「盤古為一般猺族所虔紀，稱之為槃王，猺人以為人之生死壽夭貧賤皆槃王主之，故家供其木主，片肉卮酒，必享王而後食。天旱禱槃王，舁王遊田間，視禾稼，雖烈日如火，不敢御傘，冀王之憐而降雨也。《昭平縣志》：『猺人祀盤古，三年一醮會，招族類，沒道場，行七獻之禮，男女歌舞，稱盛一時，數月而後散，三年內所蓄雞犬盡於此會。』由此以觀，其熱烈可知矣。……狗王惟狗猺祀之，每值正朔，家人負狗環行爐灶三匝，然後舉家男女向狗膜拜，是日就餐，必扣槽蹲地而食，以為盡禮。」

他如《連州志》：「猺本槃瓠遺種，產湖廣溪洞間，即古長沙、黔中五溪蠻也。」《桂海虞衡志》云：「猺本五溪槃瓠之後。」《粵西偶記》亦云：「狼人者亦古槃瓠之苗裔，粵西諸郡，處處有之。」《廣東通志》：「本槃瓠種，由楚省蔓延粵之新寧……七州」。《新亞細亞》十卷五期載盛襄子〈湖南苗猺問題考述〉云：「今苗猺中亦有此項神話，湘猺僅將所謂高辛氏女改為黃帝之公主，犬戎改為邊匪，槃瓠改為盤屇瓠，並云所生五子即苗云諸人。」《東方雜誌》廿一卷七號載沈作乾〈畬民調查記〉云：「在上古的時代，高辛王元后耳痛，三年後從耳中取出一蟲，形像如蠶，育於盤中，忽而變了一隻龍犬，毫光顯現，遍身錦繡。高辛氏見之大喜，賜名龍期，號稱槃瓠。那時犬戎入冠，國家異常危急，高辛氏就下詔書求賢，謂有能斬犬戎將軍的頭來獻的，必把公主嫁給他。龍期便挺身而往敵國，唧了犬戎將軍的頭報命，欲求高辛王踐他的前言，高辛王嫌其不類，頗有難色，龍期忽作人聲曰：『你將我放在金鐘內，七天七夜就可變成人。』到了第六天公主怕他餓死，打開金鐘一看，則全身變成人形，只留一頭未變。於是槃瓠著上大衣，公主戴了犬頭冠，倆相結婚了。槃瓠挈妻入山居住，生三男一女，長姓槃，名叫自能；次姓藍，名叫光輝；三姓雷，名叫巨佑；女姓鐘，名叫智深。」（何聯奎〈畬民文化〉一文與此相同）

又畬民尚有口唱之《狗皇歌》與前述事蹟略同，其歌曰：

「當初出朝高辛王，出來遊嬉看田場；皇后耳痛三年在，醫出金

蟲三寸長，醫出金蟲三寸長。便置金盤拿來養；一日三時望領
大，變成龍狗長二丈。變成龍狗長二丈，五色花斑盡成行；五色
花斑生的好，皇帝聖旨叫金龍。收服番王是僧人，愛討皇帝女結
親；第三宮女生僆愿，金鐘內裏去變身。金鐘內裏去變身，斷定
七日變成人；六日皇后開來看，奈是頭未變成人。頭是龍狗身是
人，愛討皇帝女結親，皇帝聖旨話難改，開基藍雷盤祖宗。親生
三子甚端正，皇帝殿裏去討姓；丈子盤張姓盤字，第二藍裝便姓
藍；第三小子正一歲，皇帝殿裏拿名來；雷公雲頭響得好，紙筆
記來便姓雷。當初出朝在廣東，親生三子在一宮；招得軍丁為其
婦，女婿名字身姓鐘。」

由上引諸史籍視之，西南邊民顯與蠻苗有關，而蠻苗又與黃帝子孫有
關，是蠻苗諸夏同祖同宗矣。

從前述種種複雜之演變關係，欲斷定某一稱號在何時為某族，在他時又
為某族；或某一稱號為某族之後裔，均無法肯定作成結論。是《禮記》總稱
曰：「東夷、南蠻、西戎、北狄。」《史記》將「北狄、西戎」併入〈匈奴
傳〉中述之，《後漢書》列入〈西羌傳〉中述之；「三通」亦分別於〈西
戎〉（或云西羌）、〈北狄（或云北國）序略〉中述之。諸書對其諸邊民之
記述，雖名雜文簡，但略具系統。依前所舉證，大致「北狄」與黃帝血統有
關；「西戎」與神農血統有關；而「東夷」、「南蠻」與炎、黃血統均有
關。劉節在《中國古代宗族移殖史論》一書中云：「晉魏兩枝是戎狄的系
統，齊秦宋是夷狄的系統，吳楚是蠻，陳韓是夷，周魯是諸夏。」實事上周
亦與西戎有關，而魯為周裔，是周魯亦為諸夏與羌戎之混合稱。足見「夷、
狄、戎、蠻」與炎黃子孫為同祖同宗無疑矣。

第五章　上古邊疆民族分佈概況

前已略述先秦各代之邊城範圍，茲所云「邊疆民族」應以居住於各邊區者為是。然先秦時代之邊疆民族，卻非僅「地理的邊疆民族」，另含有「文化的」和「政治的」邊疆民族。蓋所稱先秦邊民，非僅居住於邊疆地區，亦多居住內地，甚至居住於「王畿」附近者，茲略述其分佈情形於次：

一、原居內地被迫移徙於邊疆者

葷粥

《史記·五帝本紀》：「黃帝北逐葷粥，合符釜山。」釜山今河北涿鹿。葷粥初居河北涿鹿以南可知，被黃帝「北逐」而至於釜山者。

三苗

《史記》：「三苗在江淮荊州數為亂」，江淮雖不在「中原」，但屬內地，舜「竄三苗于三危」，禹再征之，是「三苗」被迫居住於邊疆者。

匈奴

《史記》：「夏后氏之苗裔」，湯滅夏，「以殷時奔北邊」，但仍居「涇洛之間」，周武王將其放逐於「涇洛之北」，其後「秦襄公伐戎至岐」、「晉文公攘戎翟」、「秦伐殲義渠，築長城以拒胡」、「趙武靈王破林胡、樓煩築長城」、「燕破東胡，東胡卻千餘里」，燕亦築長城以拒胡。（均見《史記·匈奴傳》）

二、原住邊疆漸而內徙者

蕭慎

舜時稱息慎《史記·五帝本紀》，夏時稱鳥夷《史記·夏本紀·正義》引注或稱島夷《書·禹貢》，初居東北，其後漸內徙。

陸渾戎

又稱陰戎、姜戎、允姓之居九州之戎。原居秦之西北，約當今陝北一帶。《左傳·僖公廿二年》：「秦晉遷陸渾之戎於伊川。」伊川即今河南嵩山下，東北一帶。按秦晉之遷陸渾戎，乃「晉貪其人，秦貪其土。」後周景王曾以之責備晉國云：「先王居檮杌於四裔，以禦螭魅，故允姓之戎，居於瓜州，伯父惠公歸自秦，而誘以來，使偪我諸姬，入我郊甸，則我焉取之？或有中國，誰之咎也。」

西戎

《後漢書·西羌傳》：「……至穆王時，戎狄不貢，王乃西征犬戎，獲其五王，又得四白鹿、四白狼，王遂遷戎于太原。」

東夷

包括東方諸夷。《後漢書·東夷傳》：「武乙衰敝，東夷寢盛，遂分遷淮岱，漸居中土。」淮岱，為今淮、泗之地。〈書序〉：「成王東伐淮夷，遂踐奄。……成王既踐奄，遷其君于蒲姑，作將蒲姑。」《竹書紀年》：「成王四年，王伐淮夷，遂入奄。五年春正月，王在奄，遷其君于蒲姑。」又按《後漢書·東夷傳》：周穆王時，徐夷僭號，率九夷伐宗周，西至河上，穆王畏其方熾，乃分東方諸侯，命徐偃王主之，其後雖為楚滅，徐偃北走彭城，武原縣東山下，百姓隨之者以萬數。

三、由於「政治」因素而散居於內地者

(一)當內地政治修明時，夷狄紛紛「來賓」，來賓之邊民，往往有部份留居內地而不返者。

(二)當內地政治不修，戎狄入侵，中央往往敗績，戎狄留居其地之情形可知。《後漢書・西羌傳》云：「及平王之末，周遂陵遲，戎偪諸夏，自隴山以東，及乎伊洛，往往有戎。……當春秋時，間在中國，與諸夏會盟。」

(三)利用夷狄為軍隊，因而散居於內地者。《說苑・權謀》云：「湯欲伐桀，伊尹曰：請阻乏貢職，以觀其動，桀怒，起九夷之師以伐之。……」周武王伐商紂王亦以戎狄為軍。《尚書・牧誓》：「逖（狄）矣，西土之人。……，我友邦冢君，……及庸、蜀、羌、髳、微、盧、彭、濮人。」之後，這些戎狄即散居於內地。例如：《左傳・昭公十五年》：「……荀文伯對曰：晉居深山，戎狄之與鄰。……」《左傳・哀公十七年》：「……初，（衞莊）公登城以望，見戎州。……」《左傳・僖公廿二年》：「初，辛有適伊川，見披髮而祭於野者，曰：不及百年，此其戎乎！」《國語・晉語》：「……驪姬言於公曰：翟（狄）之廣漠，於晉為都。……」

四、居住於王城附近者

揚拒、泉皋之戎：居今河南偃師縣及洛陽之南。

伊洛之戎：居今洛陽之西南。

上述諸戎，由於靠近王城，故《左傳・僖公十一年》云：「揚拒、泉皋、伊洛之戎，同伐京師，入王城，焚東門，王子帶召之也。」

戎蠻子：居今洛陽城南，伊闕之北。《左傳・昭公十六年》：「楚子使然丹誘戎蠻子殺之，遂取蠻氏。」杜注：「河南新城縣東南有蠻城。」按：新城縣即伊闕之北。

五、居住其他內地與近於當時邊區者

萊夷、淮夷、徐夷、藍夷，皆散佈於今之山東，江蘇、安徽等省內。

陸渾戎：居今河南嵩山下東北方。

大荔戎：居今陝西大荔縣。

義渠戎：今甘肅舊慶陽府及涇州之地。

驪戎：居介陝西臨潼縣驪山下。

姜戎：居今山西隰縣附近。

茅戎：居今大河之陽，山西平陸縣茅津渡口。

山戎；又稱北戎：居今渤海之濱，長城之陽。

濟西之戎：居今山東荷澤縣。

翟貌之戎：居陝西南鄭。

緄戎：居今甘肅天水。

烏氏之戎：居今甘肅隸涇川。

朐衍氏之戎：居今甘肅靈武縣。

林胡：居今山西馬邑縣，或渭河北宣化。

樓煩：居今山西嵐縣，或謂朔縣西南。

狄：分長狄、赤狄、白狄。赤狄又分路氏、甲氏、留吁氏、廧咎氏，皆分佈於今之山西境內。白狄又分鮮虞、肥、鼓，約分佈於今之河北新樂縣。

前述諸戎、諸夷、諸狄，其居住地，歸納言之，大致皆散佈於今之河北、山西、陝西、甘肅、河南、山東、安徽、江蘇等省，學者分為伊洛地區、豫北地區、濟西地區、渭洛地區、晉南地區、晉中地區、遼西地區等言之。至於「荊蠻」則不出兩湖及閩浙一帶。由是觀之，所謂先秦邊民與諸夏之分佈並無顯著之界限，迄戰國末乃有「長城」為界焉。

第六章　五帝時代中央對邊民政策及其關係

一、撫教政策

黃帝先「修德振兵、治五氣、藝五種，撫萬民度四方」，於是「萬國和」《史記》。「市不預賈，城郭不閉，邑無盜賊，相讓以財，雨風時，五穀登，虎豹不妄噬，鷙鳥不妄搏，遠夷之國，莫不獻其貢職。」《淮南子》

帝顓頊亦「治氣以教化，絜誠以祭祀」，因之聲威「北至于幽陵，南至于交阯，西至于流沙，東至于蟠木。」

帝嚳亦「普施利物，不於其身，聰以知遠，明以察微，順天之義，知民之急，仁而威、惠而信，修身而天下服。」「撫教萬民而利誨之」。《史記》

堯「能明馴德，以親九族」。《史記》

舜「舉八元，使布五教于四方。父義、母慈、兄友、弟恭、子孝、內平外成」。《正義》引杜預曰：「內諸夏，外夷狄也。按：契作五帝之教，諸夏太平，夷狄向化也。」《史記》

《路史・後紀十一・有虞氏》：「（舜）封黃帝之孫子十有九人為侯伯，詢于四岳，辟四門，明四目，達四聰。咨十有二牧，曰：食哉，惟時柔遠能邇，惇德允元而難任人，蠻夷率服。」羅蘋註云：「咨四方之門以招來，清四方之見以廣覽，擴四方之耳以兼聽。」「食民之命，而蠻夷各隨邊土備禦，故以咨十二牧，柔遠能邇，必相為用，遠者，政教有不及而略故柔之，邇者政教可以加而詳，故善之，舜戒諸侯柔遠能邇，而蠻夷率服。」

「普施」、「知遠」、「順天」、「教撫」、「馴德」、「柔遠」皆為治邊良策。以故「日月所照，風雨所至，莫不從服。」據《竹書紀年》載：

黃帝「五十九年，貫胸氏來賓，長股氏來賓。」

堯「十六年，渠搜氏來賓。」「廿九年，僬僥氏來朝，貢沒羽。」

舜「廿五年，息慎氏來朝，貢弓矢。」「卅五年，有苗氏來朝。」「四十二年，玄都氏來朝，貢寶玉。」

二、調查邊情

堯為「親九族」「和萬國」，所採取之邊政措施甚為積極具體。派羲仲居住於嵎夷（《史記》作郁夷），「厥民析，鳥獸孳尾。」派羲叔居住於交阯，「厥民因，鳥獸希革。」派和仲居住於西土（《史記集解》謂今天水縣之西，或隴西以西），「厥民夷，鳥獸毛毨。」派和叔居住於朔方，「厥民隩，鳥獸氄毛。」分別將四方邊疆民情氣候調查清楚，然後指導其如何適應環境，並為其定出合乎時令之曆法。《書·堯典》。

三、設邊官當邊政

黃帝曾「置左右大監，監于萬國」《史記》，堯時於朝廷中更設有「四岳」之官，分掌四方諸侯。又命舜以「賓禮」接待四方，舜雍容和順，因之「四門穆穆，諸侯遠方，賓客皆敬。」（並見《尚書》及《史記》）帝舜即位後更於九州之外，靠近四海之地，設立五人為之長，使其鎮壓蠻夷，保衞中夏。

四、巡視邊情

　　黃帝「披山通道，未嘗寧居，東至於海，登丸山，及岱宗，西至于空桐，登雞頭，南至于江，登熊湘。」堯時定期巡視邊疆，如「歲二月，東巡狩至於岱宗，五月南巡狩，八月西巡狩，十一月北巡狩。」向四方諸侯宣示治國政策，並特制「吉、凶、賓、軍、嘉」五禮，《正義》引《周禮》曰：「以吉禮事邦國之鬼神祇，以凶禮哀邦國之憂，以賓禮親邦國，以軍禮同邦國，以嘉禮親萬民。」

五、征討叛逆

　　《史記·五帝本紀》：「天下有不順者，（黃帝）從而征之，平者去之。」時南有蚩尤，北有葷粥，或作亂，或不用命，皆不順之民，黃帝乃使用武力，或將其擒殺，或將其驅逐。顓頊時，九黎不順，誅其首惡，分其子孫為三國（三苗）。堯時三苗為亂，「堯戰于丹水之浦」《呂氏春秋》。《竹書紀年》：「堯七十六年，司空禹伐曹魏之戎克之」。《荀子·議兵》云：「堯伐驩兜，舜伐有苗，禹伐共工。」《呂氏春秋·恃君覽·召類》云：「舜却苗民，更易其俗。」《淮南子·兵略訓》云：「舜伐有苗。」〈修務訓〉又云：「舜南征三苗，道死蒼梧。」（《史記》謂：「南巡狩，崩於蒼梧之野。」）高誘註云：「三苗之國在彭蠡，舜時不服，故往征之，《書》曰：舜方乃死。」又《國語·魯語》：「舜勤民事而野死。」韋昭解云：「野死，謂征有苗，死於蒼梧也。」此外，由於《墨子·兼愛》及〈非攻篇〉，《戰國策·魏策一、二》，均曾言及禹征三苗事，學者對此頗有議論，趙鐵寒氏認為「舜征在前面而禹征在後」，何爭之有？此一看法甚是。《淮南子·修務訓》：「舜南征三苗，道死蒼梧」一語視之，證「三苗」問題在舜時尚未解決，故禹即位後勢必再征伐。若不然，禹為舜臣，故所云「禹征三苗」，實即為舜命禹往征，故亦為舜征。例如禹治平洪水，然禹治洪水時是為舜之臣，且受命於舜，實際治水者固為禹，而名義仍歸舜為是。同理，所云「禹征三苗」（指為舜臣屬時）實應舜征三苗，故諸書之說可合而為一。

六、德化政策

　　征伐三苗，為舜禹時代之大事，舜屢征伐不克，乃改用「德化」政策，雖服之，然為時之不久，故再征之。且舜因征三苗而死於蒼梧之野。

　　《書·大禹謨》：「帝曰：『咨禹，惟時有苗弗率，汝徂征！』禹乃會群后，誓於師曰：『濟濟有眾，咸聽朕命！蠢茲有苗，昏迷不恭，侮慢自賢，反道敗德。君子在野，小人在位，民棄不保，天降之咎！肆予以爾眾士，奉辭伐罪，爾尚一乃心力，其克有勳！』三旬，苗民逆命。益贊于禹曰：『惟德動天，無遠弗屆。滿招損、謙受益，時乃天道。帝初於歷山，往於田，日號泣注於昊天、於父母。負罪引慝，祗載見瞽瞍，夔夔齊慄，瞽瞍亦允若；至誠感神，矧茲有苗！』禹拜昌言曰：『俞！』班師振旅。帝乃誕敷文德，舞干羽於兩階，七旬，有苗格。」

　　《韓非子·五蠹篇》云：「當舜之時，有苗不服，禹將伐之，舜曰『不可！上德不厚而行武，非道也。』乃修教三年，執干戚舞，有苗乃服。」《淮南子·氾論訓》云：「舜執干戚而服有苗。」〈齊俗訓〉又云：「當舜之時，有苗不服，於是舜修文偃兵，執干戚而舞之。」賈誼《新書》：「舜舞干羽而三苗服。」《鹽鐵論·繇役篇》云：「舜執干戚而有苗服。」又《呂氏春秋·離俗覽·上德》云：「三苗不服，禹請攻之，舜曰：『以德可也。』行德三年，而三苗服。」《韓詩外傳》云：「當舜之時，有苗不服，其不服者，衡山在南，岐山在北，左洞庭之波，右彭蠡之水，由此險也，以其不服，禹請伐之，而舜不許曰：『吾喻教猶未竭也。』久喻教，而有苗請服。」《說苑·君道篇》亦與此相同。《路史》載云：「三載，蠢苗弗恭，命禹征之。三旬，苗猶逆命，益贊于禹曰：惟德動天，亡遠弗屆，帝之往于田也，號天隱慝，瞽亦信順，至誠感神，矧茲苗乎。於是般師振旅，帝乃誕敷文德，舞干羽于廟階，七旬而有苗格。分北其民，亡世在下。故孔子曰：通乎德之情，則孟門太行不為險矣，德之流行趨於郊，傳命用之明堂，金在其後，先德而後武也，舜其繇

比乎。」羅蘋註云「人非禽獸，俱有良心。苗始逆命，而終服，何哉？師旅之至，不得自新，故承命而逆，自救之計也。及蓋言而禹班師矣，苗聞義而始服，果如益言。故善用兵者，示之以生路。」（《路史·後紀十一》）

諸書對舜服三苗之方法間有不同紀載，然「德化」本意不失，從而知當時中央對邊民用心之良苦。

七、移犯實邊政策

《史記·五帝本紀·堯紀》：「流共工于幽陵，以變北狄；放驩兜於崇山，以變南蠻；遷三苗於三危，以變西戎；殛鯀於羽山，以變東夷。」這一政策乃為舜奉堯之命考察天下回朝後，向堯建議。認為「四辠而天下咸服」。但堯並沒有採納。（《史記·五帝本紀·舜紀》有「此三族世憂之，至於堯，堯未能去」之語）及舜即位乃「流四凶族，遷于四裔，以御螭魅」。所云「四凶族」即帝鴻氏之渾屯，少皞氏之窮奇，顓頊氏之檮杌，縉雲氏之饕餮。亦即前述共工、驩兜、三苗、鯀之異稱（理由詳後）。皆為「不才子」，或「掩義隱賊，好行兇」，或「毀信惡忠，崇飾惡言」，或「不可教訓，不知話言」，或「貪於飲食，冒于貨賄」。所云「螭魅」，據《集解》引服虔曰：「人面獸身，四足，好惑人，山林異氣所生，以為人危。」舜以當時去王城四千里之邊疆地區，土廣人稀，荒涼寂寞，又有「螭魅」為害，而「四凶」又危害中原社會，正可以將其流放邊地，令其以「功」代「罪」，藉收移風易俗之效。事實上，這些「凶」「頑」之民，其身不正，怎能負起「教化」作用，顯然舜之理想未能達到，故其後有再「分北三苗」之舉。（《史記集解》引鄭玄曰：「所竄三苗為西裔諸侯者，猶為惡，乃復分析流之。」）

關於此案，典籍記載互異，學者推測紛紜，故應再說明者有二：

一、典籍記載互異，學者推測紛紜

《書・舜典》云：「流共工於幽州，放驩兜于崇山，竄三苗于三危，殛鯀于羽山，四罪而天下咸服。」

《春秋左傳・文公十八年》云：「昔帝鴻氏有不才子，不義隱賊，好行凶德，醜類惡物，頑嚚不友，是與比周，天下之民謂之渾敦。少皞氏有不才子，毀信廢忠，崇飾惡言，靖譖庸回，服讒蒐慝，以誣盛德，天下之民謂之窮奇。顓頊氏有不才子，不可教訓，不知話言，告之則頑，舍之則嚚，傲狠明德，以亂天常，天下之民謂之檮杌。此三族也，世濟其凶，增其惡名，以至於堯，堯未能去。縉雲氏有不才子，貪于飲食，冒於貨賄，侵欲崇侈，不可盈狀，聚欲積實，不知紀極，不分孤寡，不恤窮匱，天下之民以比三凶，謂之饕餮。舜臣堯，賓於四門，流四凶族：渾敦、窮奇、檮杌、饕餮，投諸四裔，以禦螭魅。是以堯崩而天下如一，同心戴舜，以為天子，以其舉十六相，去「四凶」也。」

《孟子・萬章上》、《莊子・在宥篇》、《大戴禮・五帝德》、《淮南子・修務訓》之記載，與〈舜典〉大致相同，所不同者：《孟子》與《大戴禮》均謂「殺」三苗；《莊子》謂「投」三苗；《大戴禮》有「以變北狄……」等字。

按司馬遷編撰《史記》，應係參照右列各書，將「四罪」、「四凶」合而為一，並納入〈五帝本紀〉，復按時間先後，列〈舜典〉中之「四罪」於〈堯紀〉，列《左傳》中之「四凶」於〈舜紀〉，特別將《左傳》中「以至於堯，堯不能去」一語，列入〈舜紀〉，使人知堯時雖有「四罪（凶）」之害，但未能去，及舜攝政始將其去之。故《左傳》云：「是以……同心戴舜，以為天子，以其舉十六相，去『四凶』也。」而《史記》亦云：「於是四門辟，言毋凶人也。……堯乃知舜之足授天下。」

但由於〈舜典〉稱「四罪」為「共工、驩兜、三苗、鯀」；《左傳》稱「四凶」為「渾敦、窮奇、檮杌、饕餮」；而《史記》又將二者分別納入，易使人誤以為「四罪」、「四凶」是兩回事。故歷代注、疏、解、詁諸家，乃不厭其煩紛紛注解，例如：

《史記正義》云：「渾沌即驩兜也」。又云：「謂共工言毀敗信行，惡其忠直，有惡言語，高粉飾之，故謂之窮奇。」又云：「檮，音道，刀反；杌，音五，骨反。謂鯀也。」又云：「今括州縉雲縣，蓋其所封也，書云縉，赤繒也，謂三苗也。」

《史記集解》引賈逵曰：「帝鴻，黃帝也，不才子其苗裔，驩兜也。」又引服虔曰：「（窮奇）謂共工氏也。」又引賈逵曰：「檮杌，頑凶無疇匹之貌，謂鯀也。」又引賈逵曰：「縉雲氏，姜姓也，炎帝之苗裔，當黃帝時，在縉雲之官也。」

〈堯典〉釋文引馬融曰：「三苗，國名之，縉雲氏之後為諸侯，蓋饕餮也。」

杜預注《左傳》云：「渾敦，謂驩兜；渾敦，不開通之貌。窮奇，謂共工，其行窮而好奇。檮杌謂鯀；檮杌，凶頑無疇匹之貌。」

孔穎達對此解釋極為詳細。其於《尚書正義・堯典疏》云：「惟當驗其行跡，以別其人。《左傳》說窮奇之行云：「靖譖庸回。」〈堯典〉言共工之行云：「靜言庸違」，其事既同，知窮奇是共工也。《左傳》說渾敦之行云：「醜類惡物，是與比周。」〈堯典〉言：「舉共工，與惡比周。」知渾敦是驩兜也。《左傳》言檮杌之言行：『不可教訓，不知話言，傲狠明德，以亂天常。』〈堯典〉言鯀之行云：『咈哉！方命圮族。』其事既同，知檮杌是鯀也。惟三苗之行，〈堯典〉無文，鄭玄引《左傳》之文，乃云：『命驩兜舉共工，則驩兜為渾敦也；共工為窮奇也；鯀為檮杌也；而三苗為饕餮亦可知。』是先儒以《書》、《傳》相考，知三苗是饕餮也。」其於《左傳・文公十八年・疏》云：「此傳可言，說虞書之事。彼云『四罪』，謂共工、驩兜、三苗、鯀也。此謂『四兇』，乃謂之渾敦、窮奇、檮杌、饕餮，檢其事以識其人。〈堯典〉記帝言共工之行云：『靖言庸回。』《傳》說窮奇之惡云：『靖譖庸回。』二文正同，知窮奇

是共工也。〈堯典〉記帝求賢人，驩兜舉共工應帝，是與共工相比。傳說窮奇之惡云：『醜類惡物，是與比周。』知渾敦是驩兜也。〈堯典〉記鯀言之行云：『咈哉！方命圮族。』傳說檮杌之罪云：『告頑舍嚚，傲狠明德。』即是咈戾圮之狀。且鯀是顓頊之後，知檮杌是鯀也。《尚書》無三苗罪狀，既甄去三凶，自然饕餮是三苗矣。先儒盡然，更無異說，皆以行狀驗而知之也。」

前引賈逵、服虔、杜預、孔穎達、張守節等諸氏注疏，均認「四罪」即「四凶」。歷千餘年而無異議。然至清代則有左列不同意見。

杭世駿《史記疏證》引吳延華之說云：

驩兜薦共工於堯者，〈紀〉稱混沌「掩義隱賊，好行凶慝」，帝臣雖不善，未必至于斯極。鯀則四岳薦之，堯試之，績在太平。對「不可教訓，不可話言」者能如是乎？以窮奇為共工，蓋「毀信惡忠，崇飾惡言」與〈虞書〉「象恭」相似。然考《左傳》：「共工氏有四子曰句龍。」杜注「共工在太皞後，神農前。」夫少昊固黃帝之子，則共工非少昊之裔，安得便以為窮奇耶？《書》言有苗「昏迷不恭，侮慢自賢」。亦與「貪食冒嫉」不符。

梁玉繩《史記志疑》卷一云：

案：堯之放「四罪，共、驩、苗、鯀也。事出《尚書》。舜之流「四凶族」，不才子也。事出《左傳》太史克語，事既各出，時亦相懸。史公分載〈堯〉、〈舜〉兩紀，未嘗語四罪即四凶。後儒罔察，見人數之同，遂並八慝為一案。豈非賈、服、杜、孔之謬哉？

楊述曾等《歷代通鑑輯覽》卷一錄乾隆帝御批云：

自孔安國《書傳》以饕餮為三苗，而杜預《左傳注》遂並以渾沌、窮奇、檮杌即驩兜、共工、鯀。由是，《經》之「四罪」，《傳》之「四凶」，混而為一。不知「四凶」之投裔，在舜賓四門之時；「四罪」之咸服，在舜攝位之後。時異人殊，經傳可據，且鯀則殛死，而四凶不過投諸四裔，又何可強為牽合耶？

　　按吳延華、梁玉繩所疑，以及乾隆御批。表面視之，似言之成理，但彼等乃針對前引諸注疏家之言而發，均未貫《史記》。太史公明明在〈堯紀〉中云：「舜歸而言於帝，請流共工於幽陵，以變北。……四皐而天下咸服。」顯然這是舜為堯臣時，巡視天下回朝後（請注意「歸而言於帝」一語。）向堯提出之建議（請注意「請」字）。再就「四皐而天下咸服」之語意來看，亦為舜之一個意見，即「如果將四罪流放，則天下才能信服」。但這一建議，在《史記·堯紀》中看不出有執行之痕跡，故在〈舜紀〉中乃言「此三族，世憂之，至於堯，堯未能去。」前呼後應，亦無可疑惑矣。況且太史公於〈堯紀〉中記述流放「四罪」後即云：「堯立七十年得舜，廿年而老，令舜攝行天子之政，薦之於天，堯辟位，凡廿八年而崩。」再於〈舜紀〉述流放「四凶」後亦云：「堯乃知舜之足授天下，堯老使舜授行天子政，巡狩，舜得舉用事廿年而堯使攝政，攝政八年而堯崩。」由見〈堯紀〉中之「四罪」即〈舜紀〉中之「四凶」。「罪」與「凶」乃用字不同，本義無別。若「四罪」「四凶」為不同之二事，何以《書經》祇提「四罪」而不提「四凶」？至於《左傳》中僅提到「四凶」不提「四罪」，是因為《左傳》中之言乃為莒國太史所引述，非直接記載此事。故不能以《書》與《傳》之不同，便據以斷定「四罪」與「四凶」有別。《史記》雖「罪」「凶」別載，乃同名異稱，細讀〈五帝本紀〉，即可解惑。

二、不言「殛鯀於羽山，以變東夷」之原因

　　今有言堯舜邊疆政策者，僅引述「流共工于幽陵，以變北狄；放驩兜於崇山，以變南蠻；遷三苗於三危，以變西戎三句。對於「殛鯀於羽山，以變東夷」則避而不提。考其原因，以「殛鯀於羽山之「殛」字，一般作「誅殺」解，以為既將鯀「殺死」於羽山，還談什麼「以變東夷」呢？正因為如此，故不能將「殛」字單作「誅殺」解釋。它另有其含義。就全文來看，流共工之「流」，放驩兜之「放」，竄三苗之「竄」，殛鯀之「殛」，皆異字而義同。正如孔《傳》：「殛、竄、放、流皆誅也，異其文，述作之體」是也。又〈舜典注〉云：「流，遣之遠去；放，置之於此，不得他通；竄，驅逐禁錮之；囚，拘竄困苦之。」流、放、竄、殛既「同義」而屬「述作之體」，故《書經》作「竄三苗」，《史記》作「遷三苗」，《孟子》作「殺

三苗」，《莊子》作「投三苗」。如果咬文嚼字，則《孟子》和《大戴禮》中之「殺三苗于三危」，與「殛鯀于羽山」之句同樣不通。羅蘋註《路史》云：「共工靜言用違故流，驩兜黨蔽共工故放，苗頑不即功故竄，鯀方命圮族故殛，輕重之敍。流者屏之遠地，放者棄之不齒，竄則編管之，惟殛為重，或云死，非也。安國以四罪為皆誅，蘇軾以為皆不誅，而為遠國君，俱失之。按四罪皆在堯世舜攝之初，但史官於此總舜之德功，刑併及爾。不然鯀殛豈在肇十二州之後哉。知二典亦有不次處，且治水時，三苗已丕敍矣，何舜晚年復分北哉，《孟》以竄為殺，《莊子》以竄殛為俱殺，且易其先後非義例。」蘋之言，大體與諸家意相合，惟仍未直觀全史，再按《史記·夏本紀》載云：「舜登用，攝行天子之政，巡狩行視鯀之治水，無狀，乃殛鯀於羽山以死，天下皆以舜之誅為是。」乃證明鯀因「負命毀族」（《史記·堯紀》文。《書》作「方命圮族」。）先被放逐於羽山，甚後因治水乏人，勉強用以治水，治水無功，同時又不滿堯之以天下讓舜，因為舜所「殛」。《呂氏春秋·恃君覽·行論篇》云：「堯以天下讓舜，鯀為諸侯，怒於堯曰：得天之道者為帝，得地之道者為三公。今我得地之道，而不以我為三公。以堯為失論，欲得三公，怒甚猛獸，欲以為亂，比獸之角，能以為城，舉其尾，能以為旌，召之不來，仿佯於野以患帝，舜於是殛之於羽山，副之吳刀。」故「刀」字一用多義。明乎此，吾人對「流共工于幽陵，以變北狄；放驩兜於崇山，以變南蠻；遷三苗於三危，以變西戎；殛鯀於羽山，以變東夷」一語，應作整體觀，不可分割。至於「以變北狄」等之「變」字，學者或作「教化」，或作「變成」，鄙意以為二義兼顧，先則將其流放，使之「變成」東夷，故〈堯紀〉有「四罪而天下咸服」一語；繼則冀其戴罪圖功，在感化夷狄方面服務。故〈舜紀〉有「遷于四裔，以禦螭魅，於是四門辟，言毋凶人也」一語。

第七章　夏商兩代中央對邊民政策及其關係

一、夏代邊策及其與邊民關係

　　若干史籍嘗載禹征討「三苗」之事。按禹佐舜時間久，受命為天子時間短，前已述及，禹征三苗及治水之事，均係臣子身份奉舜命而為。當禹正式即天子位時，洪水已平，三苗亦服。據《竹書紀年》：「禹元年，頒夏時于邦國」；「五年，巡狩，會諸侯于塗山」；「八年春，會諸侯于會稽。」是年八月即崩於會稽。故禹一生事功均表現於作臣子之時，其作帝王後，多致力於修德明政，接待賓客，故其會諸侯於會稽時，執玉帛者萬國。其對邊疆民族之治理乃於甸服、侯服、綏服之外，有五百里要服，「三百里夷」、「兩百里蔡」。要服外，有「五百里荒服」、「三百里蠻」、「二百里流」。對這些離開王城千里或數千里外之邊民，多採放任政策。宋·蔡沈《書傳》云：「要服，去王畿已遠，皆夷狄之地，其文法略於中國。謂之要者，取要約之義，特羈縻之而已。綏服外，四面又各五百里也。蔡，放也。……流放罪人於此也。荒服，去王畿益遠而經略之者，視要服為尤略也。以其荒野，故謂之荒服。」所謂「三百里夷」者，《史記集解》引孔安國曰：「守平常之教，事王者而已。」所謂「五百里荒服」者，《史記集解》引馬融曰：「政教荒忽，因其故俗而治之。」所謂「三百里蠻」者，《史記集解》引馬融曰：「蠻、慢也，禮簡怠慢，來不距，去不禁。」所謂「二百里流」者，史記集解引馬融曰：「流行無城郭常居。」此蓋更遠離中樞之遊牧人民。

　　由見夏時治邊政策，視各地距離中央遠近及其地理特殊情形而定。政制如此，稅制亦如此，如近冀州之島夷，使之貢皮服，萊州之民以畜牧為生，此處近海產鹽，又有絲麻，故向中央「厥篚檿絲」。淮夷人貢蚌、魚、珠，以作服飾及祭品之用。東方島夷則貢卉服（木棉之屬），西方崑崙、析支、渠搜各部族向中央貢「織皮」（皮衣）。

禹死，其子孫歷四百餘年與邊疆人民之關係，多謹守上述原則。史載除帝相即位後，嘗征討畎夷、黃夷外，大抵內政修則四裔來賓，德教失則四裔叛。

來賓者

帝相七年，于夷來賓。（《竹書紀年》、《後漢書·東夷傳》注、《路史·後紀十三上》引皆同。）

少康二年，夏道復興，方夷來賓。《竹書紀年》及《通典》。

帝芬三年，九夷（畎、于、方、黃、白、赤、玄、風、陽夷）來御。《竹書紀年》、《後漢書·東夷傳註》引同。

帝泄廿一年，畎夷、白夷、赤夷、玄夷、風夷、陽夷服從。《竹書紀年》、《後漢書·東夷傳》注引同。

帝發元年，諸夷賓于王門，諸夷入舞。《竹書紀年》、《北堂書鈔》八十二引同、後漢書·東夷傳注引同。

帝癸（桀）六年，岐踵戎來賓。《竹書紀年》

背叛者

太康時，四夷背叛。《後漢書·東夷傳》：「夏后氏太康失德，夷人始畔。」《後漢書·西羌傳》：「太康失國，四夷背叛。」

孔甲淫亂好鬼神，德衰，諸侯多叛。〈周語〉

桀三年，畎夷入于岐以叛。《竹書紀年》

桀晚年暴虐，諸夷內侵。《後漢書·西羌傳》：「后桀之亂，畎夷入居邠、岐之間。」《後漢書·東夷傳》：「桀為暴虐，諸夷內侵。」

二、商代與邊民之關係

商朝享國六百餘年，中央與邊疆關係，史書記載失詳，其可參考者亦與夏代相同，即政治修明時，邊民內朝，反之即叛，叛則征之。

內服者：

湯時內政修明，「海外肅慎、北發、渠搜、氐羌來服。」《大戴禮》、《竹書紀年》

太戊修先王之政，明養老之禮，早朝宴退，問疾吊喪，遠方重譯而至者七十六國。《竹書紀年》注二十六年，「西戎來賓，王使王孟聘西戎」《竹書紀年》。太戊使王孟聘於西戎，乃待西戎以平等地位：「你來我往」。六十一年，九夷來賓《竹書紀年》。

盤庚「行湯之政，遵湯之德，殷道復興，諸侯來朝。」《史記·殷本紀》

武丁「內反諸已，以思王道，編髮重譯來朝者六國」《尚書大傳》。孔子曰：「吾於高宗肜日，見德有報之疾也，苟由其道，致其仁，故遠方歸德焉。」三十四年，氐羌來賓。《竹書紀年》

祖甲十三年，西戎來賓。（《竹書紀年》）

外征者：

仲丁時，藍夷為寇，仲丁征之。（《後漢書·東夷傳》及《竹書紀年》）

河亶甲時，殷道衰，再征藍夷。（《竹書紀年》）

陽甲三年，西征山戎。（《竹書紀年》）

武丁（高宗）時，伐鬼方，征西羌，三年克之。（《後漢書·西羌傳》及《竹書紀年》）

祖甲十二年，征西戎。（《竹書紀年》）

武乙時，國中衰敝，東夷寢盛，遂分遷淮岱，漸居中土（《後漢書·東夷傳》）

武乙時，暴虐無道，犬戎寇邊。（《後漢書·西羌傳》）

帝乙三年，命南仲西拒昆夷，城朔方（《竹書紀年》）。

紂王時，曾征東夷。《左傳·昭公四年》云：「紂為黎之蒐，東夷叛之」；《左傳·昭公十一年》云：「紂克東夷而隕其身」。杜預曰：「黎，東夷國名」。《竹書紀年》：「帝辛四年，大蒐于黎」。

第八章　西周時期中央與諸夏對邊疆民族之政策及關係

據《史記·周本紀》載，周之先世，在陶唐虞夏之際，均作「稷官」，號曰「后稷」，及太康失國，其先不窋乃自竄於戎狄之間，歷十代而至古公亶父。時「古公亶父積德行義，國人皆戴之，薰育戎狄攻之，欲得財物，予之，已復攻，欲得地與民，民皆怒，欲戰，古公曰：有民立君，將以立之，今戎狄所為攻戰，以吾地與民，民之在我，與其在彼何異，民欲以我故戰，殺人父子而君之，予不忍為，乃與私屬，遂去豳。」《孟子》亦載其言曰：「……狄人之所欲者，吾土地也，吾聞之也：君子不以其所以養人者害人，二三子何患乎無君，我將去之。」除此以外，《莊子·讓王》、《淮南子·道應訓》、《尚書大傳》等均載古公避戎之事。讀史至此，每感「以吾地與民，民之在我，與其在彼何異」是何其胸襟：「民欲以我故戰，殺人父子而君之，予不忍為」表現了至高之人道主義。但吾人尤須認識者，乃其所據領土本即戎狄所先有，故古公不願殺人父子而「君」之。「民之在我，與其在彼何異」，「為吾臣與狄人臣，奚以異哉」，更證其無「敵」「我」之分，無「族類」之別，惟「習俗」不同而已。故居住於戎狄之間時，不得不隨其俗，及遷於岐下，始「貶戎狄之俗而營築城郭室屋」。因之孟子稱「文王，西夷之人也」。然而當時若干人對戎狄與諸夏之界限並不深，周室之先人不僅「自竄于戎狄」，即古公亶父二子太伯、虞仲亦相偕「亡於荊蠻，文身斷髮。」

周自古公遷於岐，另闢天下，三子季歷繼之，是為公季。「公季修古公遺道，篤於行義，左右諸侯順之。」時領導天下者為商朝，而武乙暴虐無

道，犬戎首先擾邊，西方諸戎亦乘機而起，然欲侵商，必越周境，周坐鎮西方，復得民心，對戎狄入侵，守土有責，且又奉令專征，因是與西方諸戎接觸頻繁，歸納言之，可別為四方述之。

一、征伐

商武乙卅年，周師伐義渠，乃獲其君以歸。《竹書紀年》

商武乙卅五年，周季歷伐西落鬼戎，俘二十翟（狄）王。《後漢書·西羌傳》、《竹書紀年》文。

商太丁二年，季歷伐燕京之戎，戎人大敗周師（《後漢書·西羌傳》、《竹書紀年》作文丁）。

商太丁四年，季歷克余無之戎。（《後漢書·西羌傳》文、《竹書紀年》作文丁）

由於周季歷數次伐戎之舉，引起中央（商太子）之重視，遂命季歷為牧師。（同上注）

商太丁七年，周季歷伐始呼之戎，克之。（《竹書紀年》作文丁）

商太丁十一年，周季歷伐翳徒之戎，獲其三大夫。（《竹書紀年》作文丁）

以上二事，《後漢書·西羌傳》：「太丁命季歷為牧師，自是之後，東伐始呼、翳徒之戎，皆克之。」而《竹書紀年》除分別紀述外，並謂周季歷於伐克翳徒之戎獲其三大夫前往獻捷之際，為文丁所殺。《史通·疑古篇》、〈雜說篇〉兩引，皆作文丁殺季歷。

公季卒，其子昌嗣位，「遵后稷、公劉之業，則古公、公季之法，篤仁、敬老、慈少，禮下賢者，日中不暇食以待士。」天下聞之，歸之者四十餘國。《竹書紀年》載：「商紂王三十三年，錫命昌為西伯，得專征。」西伯雖奉命「專征」，但以「伐逆不伐順」為原則。

商紂王三十六年，周遂伐昆夷（《竹書紀年》）

此為西伯「得專征」後，首次伐夷，何以伐昆夷？《竹書紀年》云：「（商紂王）三十四年，昆夷侵周。」《帝王世紀》云：「文王受命四年，周正月內子朔，昆夷伐周，一日三至，周之東門，文王閉門修德而不與戰」。此與《竹書》相合，由見周之伐昆夷，乃昆夷先伐周，周所以伐「逆」也。

又《後漢書·西羌傳》：「及文王為西伯，西有昆夷之患，北有獫狁之難，逐攘戎狄而戍之，莫不賓服，乃率西戎征殷之叛國以事紂。」按：西伯昌伐獫狁為一大事，《詩經》屢載其事。〈采薇篇〉云：「靡室靡家，獫狁之故；不遑啟居，獫狁之故。」又云：「豈不日戒，獫狁孔棘。」《詩·小雅·六月》又載：「獫狁孔熾，我是用急，王于出征，以匡王國。」

成王四年，周公伐東夷定之。《史記·周本紀》載：「周公為師，東伐淮夷，殘奄，遷其君薄姑。」《後漢書·東夷傳》：「管蔡畔周，乃招誘夷狄，周公征之，遂定東夷。」《竹書紀年》：「成王四年，王師伐淮夷，遂入奄。」

按成王嗣立，周公輔政，管蔡作亂，招誘徐夷等反叛中央，此時，周雖克殷，其政治勢力與威望尚未達到東方，東夷對周室認識不夠，加以受管蔡之「招誘」，顯為盲從。周公於定管蔡之後，將其平定。時魯伯禽亦帥師相助。《史記·魯世家》云：「伯禽即位之後，有管蔡等反也，淮夷、徐戎亦並興反，於是伯禽率師伐之於肸。」

成王十三年，會齊侯、魯侯，伐戎。（《竹書紀年》）

穆王十二年，伐犬戎，得白狼四、白鹿四以歸。

按：《竹書紀年·穆王十二年》載：「北巡狩，遂征犬戎」；復於十七年載：「征犬戎，取其五王以東」。注者疑此為十二年之脫文。據《後漢書·西羌傳》云：「至穆王時，戎狄不貢，王乃西征犬戎，獲其五王，又得四白鹿、四白狼，王遂遷戎于太原。」然〈周本紀〉云：「犬戎氏以其職來王。天子曰：予必

以不享征之，且觀之兵，無乃廢先王之訓，而王畿頓乎，吾聞犬戎樹敦，率舊德而守終純固，其有以禦我矣。王遂征之，得四白狼、白鹿以歸，自是荒服者不至。」據《正義》引賈逵云：「白狼、白鹿，犬戎之職貢也」，犬戎既「以其職貢來王」，何以又「以其不享征之？」至於「犬戎樹敦，率舊德而守終純固」，正所以立性敦篤，循規蹈矩，保持邊境安寧，豈非樂事！穆王竟以「禦我」而征之，「自是荒服不至」，以及爾後邊地失寧，穆王難辭其咎。

穆王十二年，徐戎侵洛。十四年，帥楚子伐徐戎，克之。

此《竹書紀年》文，然不見於〈周本紀〉。據《史記·秦本記》載云：「周穆王西巡狩，樂而忘歸，徐偃王作亂，造父為穆王御，長驅歸周，一日千里以救亂。」《史記·趙世家》同。《後漢書·東夷傳》載其經過云：「徐偃僭號，乃率九夷以伐宗周，西至河上，穆王畏其方熾，乃分東方諸侯，命徐偃王主之，偃王處潢池東，地方五百里，行仁義，陸地而朝者三十有六國。穆王得驥騄之乘，乃使造父御以告楚，令伐徐，一日而至，於是楚文王大舉兵而滅之。偃王仁而無權，不忍鬥其人，故致于敗，乃北至彭城武原縣東山下，百姓隨之者以萬數，因名其山為徐山。」

觀前述穆王二伐夷、戎，一以「犬戎樹敦」；一以「徐夷行仁」，而穆王伐之，豈其「義」乎。所幸「徐偃仁而無權，不忍鬥其人」，不讓古公專美於前，亦棄地而去，百姓隨之者以萬數，正孟子所云「天下歸仁」矣。

懿王二十一年，虢公帥師北伐犬戎，敗逋。（《竹書》）
孝王元年，命申侯伐西戎。（《竹書》）

夷王七年，夷王衰弱，荒服不朝，乃命虢公帥六師伐太原之戎，至於俞泉，獲馬千匹（《竹書紀年》及《後漢書·西羌傳》）。

厲王十一年，伐戎不克。《後漢書·西羌傳》：「厲王無道，戎

狄寇掠，乃入犬丘，殺秦仲之族，王命伐戎，不克。」

厲王十四年，召穆公帥師追荊蠻至于洛。（《竹書》）

宣王三年，命大夫秦仲伐西戎，戎俘秦仲，旋殺之。（此《竹書》文，《後漢書·西羌傳》謂宣王四年，秦仲伐西戎，為西戎所殺；《竹書》謂西戎殺秦仲在宣王六年。按〈十二諸侯年表〉，宣王七年乃秦莊公元年，再徵之〈秦本紀〉，秦仲立二十三年死於戎，其長子莊公立。故《竹書》所記為是，《後漢書》乃概括記之也。）

宣王五年，尹吉甫伐玁狁至於太原。（此《竹書》文，《詩·小雅·六月》：「薄伐玁狁，至於太原。文武吉甫，萬邦為憲。」）八月，方叔伐荊蠻。（《竹書》、《後漢書·南蠻傳》）

宣王六年，召穆公帥師伐淮夷。王帥師伐徐戎，破之。（《史記·秦本紀》）

宣王七年，召秦莊公昆弟五人，與兵七千使伐西戎，破之。（《史記·秦本紀》）

宣王卅三年，王師伐太原之戎，不克。（此《竹書》文，按：《後漢書·西羌傳》，王遣兵伐太原戎不克，乃在使秦仲伐戎（宣王四年）後之廿七年，事當在三十一年）。

宣王卅八年，王師及晉穆侯伐條戎、奔戎，王師敗逋。此《竹書》文。《後漢書·西羌傳》謂伐太原之戎後五年，應為卅六年。《史記·晉世家》：「穆侯七年，伐條。十年，伐千畝有功。」

宣王卅九年，王師伐姜戎，戰于千畝，王師敗逋。此《竹書》文。《國語·周語》：「（周宣王）卅九年，戰于千畝，王師敗績於姜氏之戎。」《史記·周本紀》：「卅九年，戰于千畝，王師敗績于姜氏之戎。」《史記·趙世家》：「奄父曰公仲，周宣王伐戎為御，及千畝戰，奄父脫宣王。」

宣王四十年，晉人敗北戎于汾隰。（《後漢書·西羌傳》及《竹

書紀年》文）

宣王四十一年，王師敗于申。此《竹書》文，《後漢書·西羌傳》謂征申戎破之。

幽王四年，秦人伐西戎。（《竹書》）

幽王六年，王命伯士率師伐六濟之戎，王師敗逋，伯士死焉。（《後漢書·西羌傳》及《竹書》文）

二、入侵

商紂王卅四年，昆夷侵周。（《竹書》文）

周武王十一年，萊夷伐齊。《史記·齊太公世家》：「武王已平商而王天下，封師尚父於齊營丘，東就國……黎明至國，萊侯來伐，與之爭營丘，營丘邊萊，萊人，夷也。會紂之亂，而周未定，未能集遠方，是以與太公爭國。」

成王二年，奄人、徐人及淮夷入于邶以叛。此《竹書》文，《史記·齊太公世家》：「管蔡作亂，淮夷畔周。」

穆王十三年，徐戎侵洛。（《竹書》）

穆王十四年，翟人侵畢。（《竹書》）

懿王七年，西戎侵鎬。（《竹書》）

懿王十三年，翟人侵岐。（《竹書》）

屬王三年，淮夷侵洛。（《竹書》）

屬王十一年，西戎入于犬丘。（《史記·秦本紀》、《竹書》、《後漢書·西羌傳》）

宣王六年，西戎殺秦仲。（同上注）

宣王四十年，戎人滅姜邑。（《竹書》、《後漢書·西羌傳》）

幽王六年，西戎滅蓋。（《竹書》）同年，西戎圍犬丘，虜秦襄兄世父，歲餘釋歸。（《史記·秦本紀》、《後漢書·西羌傳》文）

幽王十一年，申人、鄫人、犬戎入宗周，殺王及鄭桓公，殺王子伯服，執褒姒以歸，西周遂亡。（《史記》、《後漢書·西羌傳》、《竹書紀年》）

三、來賓

周武王十五年，肅慎氏來賓。（《竹書》）《後漢書·東夷傳》：「武王滅紂，肅慎來獻石砮楛矢。」《史記·孔子世家》：「吳敗越王勾踐會稽，有隼集于陳廷而死，楛矢貫之，石砮矢長尺有咫。陳湣公使使問仲尼，尼曰：隼來遠矣。此肅慎之矢也。昔武王克商，通道九夷百蠻，使各以其方賄來貢，使無忘職業，於是肅慎貢楛矢石砮，長尺有咫。先王欲昭其令德，以肅慎矢分大姬。……」

武王克商之後，威德廣被，九州之外，蠻夷戎狄，莫不梯山航海而至。《書·旅獒》：「惟克商，遂通道于九夷八蠻，西旅底貢厥獒，太保乃作旅獒，用訓于王。曰：嗚呼，明王慎德，四夷咸賓，無有遠邇，畢獻方物。」

成王九年，肅慎氏來朝。（《竹書》）

成王廿五年，四夷來賓。（《竹書》）

成王三十年，離戎來賓。（《竹書》）

康王之時，肅慎復至。（《後漢書·東夷傳》）

穆王十三年，西戎來賓。（《竹書》）

穆王十五年，留昆氏來賓。（《竹書》）

穆王十七年，西王母來朝。（《竹書》）

孝王五年，西戎來獻馬。（《竹書》）

夷王二年，蜀玉、呂人來獻瓊玉。（《竹書》）

四、聯合作戰

《後漢書·西羌傳》：「及文王受命西伯，西有昆夷之患，北有獫狁之難，遂攘戎狄而戍之，莫不賓服，乃率西戎征殷之叛國以事紂。」

周武王伐商紂王時，率蜀、庸、羌、髳、微、盧、彭、濮人從周師伐殷。（《書·牧誓》、《竹書紀年》）

綜觀西周時期與戎狄之關係，計「往征」者二十八次，「入侵」者十三次，「來賓」者十次，「聯合作戰」者二次。由此小計來看，大抵內政修、邊民即來歸；內政不明，乃乘機內侵，則中央勢必討伐。故「來賓、入侵、征討」三者互為因果。如周武王克殷後，「偃干戈，振兵釋旅，示天下不復用兵」（《史記·周本紀》）。並「通道于九夷百蠻，使各以其方賄來貢，使無忘職業，於是肅慎氏貢楛矢石砮」（《國語·魯語》）。成康嗣位，內政修明，刑錯四十餘年不用，故四夷來賓。反之，穆王好巡遊，樂而忘返，故徐夷叛；厲王暴虐，故西戎入侵；幽王無道，故犬戎來攻。由是觀之，故善治邊者乃自內政治，不輕易動干戈。當穆王將征犬戎時，祭公謀父諫曰：「不可，先王耀德不觀兵，夫兵戢而時動，動則威，觀兵則玩，玩則無震。……是故先王非務武也，勤恤民隱，而除其害也。」按：周初對邊民與中央之關係亦仿前代「夷蠻要服，戎翟（狄）荒服」，並規定「要服者貢，荒服者王」，如有「不貢則修貢」，「不王則修德」，再不然，乃「讓不貢，告不王」，於是始「有威讓之命，有文告之辭」。如果經「布令陳辭而有不至者」，「則增修於德，無勤民於遠」，「是以近無不聽，遠無不服」。再者，周初明瞭「廣谷大川異制，民生其間者異俗」，固而對邊疆地區，只是「修其教，不易其俗，齊其政，不易其宜。」《禮記·王制》云：「五方之

民，言語不通，嗜欲不同，遠其志，通其欲，東方曰寄，南方曰象，西方曰狄鞮，北方曰譯。」此種邊疆政策，均為適應其特殊習俗而定。元・陳澔注《禮記》引方氏云：「以言語之不通也，則必達其志，以嗜欲之不同也，則必通其欲。必欲達其志，通其欲，非寄象鞮譯則不可，故先王設官以掌之。寄，言能寓風俗之異於此；象，言能倣象風俗之異於彼；鞮，則欲別其服飾之異；譯，則欲辨其言語之異。劉氏曰：此四者，皆主通遠人言語之官，寄者，寓也，以其言之難通，如寄託其意於事物而後能通之。象，像也，如以意倣像其形似而通之。周官象胥是也。狄，猶逖也。鞮，戎狄屨名，猶屨也，遠屨其事，而知其言意之所在而通之。周官鞮屨氏，亦以通其聲歌，而以舞者所屨為名。譯，釋也，猶言謄也，謂以彼此言語，相謄釋而通之也。越裳氏重九譯而朝是也。」

　　由見先賢治邊理想之美，策略之寬。然自成康以後，多未能謹守「遺訓」，征戰不已，誠足惜哉！

第九章　東周時期諸夏與邊疆民族之關係

　　周平王以西都逼戎，鎬京殘破，及東遷洛邑。以秦襄公逐戎有功，封為諸侯，並賜岐以西之地。自是東周王畿縮小，天子微弱，王室威嚴喪失，諸侯聲勢陵駕天子，政治重心由中央（天子）轉移至地方（諸侯）。因之整個東周時期，非中央與邊民之關係，乃地方（諸侯）與戎狄關係。分別言於次。

一、戎狄侵諸夏

　　宋武公之世，鄋瞞（狄）伐宋。《史記·魯周公世家》：「初，宋武公之世，鄋瞞伐宋，司徒皇父帥師禦之，以敗翟之長丘，獲長翟緣斯。」《史記集解》：「服虔曰：武公，周平王時，在春秋前二十五年。鄋瞞，長翟國名。」

　　隱公七年《經》：「戎伐凡伯于楚丘以歸。」凡伯，周公子封于凡伯，今之河南輝縣。戎何以伐之？據左傳：「初戎朝于周，發幣于公卿，凡伯費賓，冬，王使凡伯來聘，還，戎伐之于楚丘以歸。」

　　隱公九年《傳》：「北戎侵鄭，鄭伯禦之……大敗戎師。」

　　桓公六年《傳》：「北戎伐齊，齊侯使乞師于鄭，鄭太子忽帥師救齊。六月，大敗戎師，獲其二帥大良、少良，甲首三百，以獻於齊。……」《史記·鄭世家》：「北戎伐齊，齊使求救，鄭遣太子忽將兵救齊。」《史記·齊太公世家》：「北戎伐齊，鄭使太子忽來救齊。」

　　莊公二十四年《經》：「冬，戎侵曹。」

莊公三十年，山戎伐燕。《史記・齊太公世家》：「齊桓公三十三年，山戎伐燕，燕告急於齊，齊桓公救燕，遂伐山戎。」《史記・燕召公世家》：「山戎來侵我，齊桓公救燕，遂北伐山戎而還。」

莊公卅二年《經》：「狄伐邢。」注曰：「狄，北狄也。」

閔公元年《傳》：「狄人伐邢……齊人救之。」

閔公二年《經》：「狄入衛。」《左傳》：「狄人伐衛……戰于熒澤，衛師敗績，遂滅衛。……」《史記・衛康叔世家》：「懿公即位，好鶴，淫樂奢侈。九年，翟伐衛，衛懿公欲交兵，兵或畔。大臣言曰：君好鶴，鶴可令擊翟。翟於是遂入，殺懿公。……齊桓公以衛數亂，乃率諸侯伐翟，為衛築楚丘。」

僖公八年《經》：「狄伐晉。」《左傳》：「晉里克帥師，梁由靡御，虢射為石，以敗狄于采桑。……夏，狄伐晉，報采桑之役也。」

僖公十年《經》：「狄滅溫，溫子奔衛。」《左傳》云：「十年春，狄滅溫，蘇子無信也。蘇子叛王即狄，又不能於狄，狄人伐之，王不救，故滅。蘇子奔衛。」

僖公十一年《傳》：「夏，揚拒、泉皋、伊雒之戎，同伐京師，入王城，楚東門，王子帶召之也。秦晉伐戎以救周。秋，晉侯平戎于王。」《史記・齊太公世家》：「齊桓公三十八年，周襄王弟帶，與戎翟合謀伐周，齊使管仲平戎於周。」

僖公十三年《經》：「春，狄侵衛。」

僖公十四年《經》：「狄侵鄭。」

僖公十六年《傳》：「秋，狄侵晉，取狐廚、受鐸、涉汾及昆都，因晉敗也。」

僖公十八年《經》：「邢人、狄人伐衛。」

僖公廿一年《經》：「狄侵衛。」杜注：為邢故。

僖公廿四年《經》：「狄伐鄭。」《左傳》：「狄伐鄭，取櫟，王德狄人，將以其女為后。……」

僖公卅年《經》：「夏，狄侵齊。」《左傳》：「卅年春，晉人侵鄭，以觀其可攻與否。狄聞晉之有鄭虞也，夏，狄侵齊。」

僖公三十一年《傳》：「冬，狄圍衛。」

僖公卅三年《經》：「狄侵齊。」《左傳》：「狄侵齊，因晉喪也。」

僖公卅三年《傳》：「狄伐晉于箕。」

文公四年《經》：「狄侵齊。」

文公七年《經》：「狄侵我（魯）西鄙。」《左傳》：「狄侵我西鄙，公使告于晉。……」

文公九年《經》：「夏，狄侵齊。」

文公十年《經》：「狄侵宋。」高氏閱曰：「狄侵諸大國，獨宋未爾，自宋亂之後，狄既侵之，楚次厥貉又將來伐，則國幾亡矣。」按李宗侗《春秋左傳今注今譯》一書未將「狄侵宋」列入，而另曰：「冬，狄侵齊。」未悉所本。

文公十一年《經》：「狄侵齊。」又載：「冬十月甲午，叔孫得臣敗狄于鹹。」《左傳》：「鄋瞞侵齊，遂伐我，公卜，使叔孫得臣追之……。」

文公十三年《經》：「狄侵衛。」

文公十六年《傳》：「楚大飢，戎伐其西南，至于阜山，師于大林，又伐其東南，至于陽丘，以侵訾枝，庸人率群蠻以叛楚。麇人率百濮聚於選，將伐楚。……」

宣公二年，郳瞞伐齊，齊王子城父獲其弟榮如。（《史記·魯周公世家》文）

宣公三年《經》：「秋，赤狄侵齊。」

宣公四年《經》：「赤狄侵齊。」

宣公六年《傳》：「秋，赤狄伐晉，圍懷及邢丘。」

宣公七年《傳》：「赤狄侵晉，取向陰之禾。」

宣公十三年《傳》：「秋，赤狄伐晉及清，先穀召之也。」

成公六年《傳》：「伊雒之戎、陸渾之戎、蠻氏侵宋。以其辭會也。」

成公十二年《傳》：「狄人間宋之盟以侵晉。」

定公三年《傳》：「鮮虞敗晉師于平中，獲晉觀虎，恃其勇也。」

哀公元年《傳》：「鮮虞人伐晉，取棘蒲。」

二、諸夏征戎狄

周平王元年，秦襄公逐戎救周。《史記·秦本紀》：「西戎、犬戎與申侯伐周，殺幽王酈山下，而秦襄公將兵救周。」《後漢書·西羌傳》同。

周平王二年，邢侯大破北戎。《後漢書·西羌傳》文。

周平王二十一年，秦文公伐戎。《史記·秦本紀》：「十六年，文公以兵伐戎，戎敗走。」《竹書紀年》：「周平王十八年，秦文公大敗戎師于岐，來歸岐東之田。」

周平王時，宋武公伐長翟郳瞞。敗翟于長丘，獲長翟緣斯。《史記·魯周公世家》：「初，宋武公之世，郳瞞伐宋，司徒皇父率

師禦之，以敗翟于長丘，獲長翟緣斯。」《集解》引服虔曰：「宋武公，周平王時，春秋前二十五年。」《史記·宋微子世家》：「昭公四年，宋敗長翟緣斯於長丘。」《索隱》：「〈魯世家〉云武公，此云昭公，蓋此昭當為武，然前代雖有武公，此杵臼當諡武也，若將不然，豈下五代公子特為君，又豈諡昭乎。」

周平王末年：「周既陵遲，戎逼諸夏，自隴山以東，及乎伊洛，往往有戎，於是渭首有狄獂邦冀之戎，涇北有義渠之戎，洛川有大荔之戎，渭南有驪戎，伊洛間有揚拒、泉皋之戎，潁首以西有蠻氏之戎。」（《後漢書·西羌傳》文）實則此時，非僅戎狄逼境，諸夏亦橫逆，孔子因魯史修《春秋》，以寓王法，乃託始於此。自是戎狄與諸夏關係多見之於《春秋》經傳。

桓公十三年《傳》：楚伐盧戎。或作羅。注曰：盧戎，南蠻。

秦武公十年（魯莊公六年），伐邽翼戎，初縣之。（《史記·秦本紀》文）

莊公十八年《經》：「夏，魯追戎於濟西。」《左傳》：「夏，公追戎於濟西，不言其來，諱之也。」

莊公二十年《經》：「冬，齊人伐戎。」

莊公廿六年《經》：「春，公（魯）伐戎。」

莊公廿六年《經》：「夏，（魯）公至自伐戎。」

莊公廿六年《經》：「秋，（魯）公會宋人、齊人伐徐。」

莊公廿八年《傳》：「晉伐驪戎，驪戎男女以驪姬。歸，生奚齊。……」《史記·晉世家》：「晉獻公五年伐驪戎，得驪姬。」

莊公三十年《經》：「齊人伐山戎。」《穀梁》譏之曰：「內無因國，外無從諸侯，而越千里之險，北伐山戎，危之也。」

莊公卅一年《經》：「齊侯來獻戎捷。」《公羊》以為「威嚇魯國。」

閔公二年《傳》：「春，虢公敗犬戎於渭汭。」

僖公十年《經》：「夏，齊侯、許男伐北戎。」

僖公十一年《傳》：「秦、晉伐戎以救周。」

僖公卅二年《經》：「衛人侵狄。」《左傳》：「夏，狄有亂，衛人侵狄。」

僖公卅三年《經》：「晉人敗狄于箕。」

魯文公四年，秦穆公三十七年，秦伐戎王，益國十二，開千里，遂霸西戎。（《史記·秦本紀》文）

文公五年《經》：「秋，楚人滅六。」《左傳》：「六人叛楚即東夷，秋，楚成大心、仲歸帥師滅六。」

文公十一年《經》：「冬十月甲午，叔孫得臣敗狄于鹹。」《史記·魯周公世家》：「文公十一年，魯敗翟于鹹，獲長翟喬如。」又云：「衛獲其弟簡如。」《集解》：「服虔曰：獲與喬如同時。」又《左傳·文公十一年》云：「鄋瞞侵齊，遂伐我。公卜，使叔孫得臣追之，吉。侯叔夏御莊叔，緜房甥為右。富父終甥駟乘。冬十月甲午，敗狄於鹹，獲長翟僑如。富父終甥舂其喉，以戈殺之，埋其首於子駒之門，以命宣伯。初，宋武公之世，鄋瞞伐宋，司徒皇父帥師禦之，耏班御皇父充石，公子穀甥為右，司寇牛父駟乘，以敗狄于長丘，獲長狄緣斯，皇父之二子死焉。宋公於是以門賞耏班，使食其征，謂之耏門。晉之滅潞也，獲僑如之弟焚如。齊襄公之二年，鄋瞞伐齊，齊王子成父獲其弟榮如，埋其首於周首之北門。衛人獲其季弟簡如，鄋瞞由是遂亡。」按：《左傳》乃綜合言鄋瞞被滅之經過，文中所云兄弟，並非「同胞兄弟」。誠如趙鐵寒氏云：「所謂晉獲僑如之弟焚如，齊獲如之弟榮如，蓋謂其兄弟三支也。否則齊獲榮如於桓

公十年，前距魯獲僑如者八十年，晉獲焚如於宣公十五年，後距魯獲僑如者二十二年，兄弟之壽，斷無綿延百又二年之理也。」（見〈春秋時期戎狄的地理分布及其源流〉）又《公羊傳》曰：「兄弟三人，一者之齊，一者之魯，一者之晉。其之齊者，王子成父殺之；其之魯者，叔孫得臣殺之；則未知其之晉者也。」唐・徐彥疏云：「言相類如兄弟。」《穀梁傳》云：「兄弟三年，侁宅中國。」由見均不得以兄弟解之。

文公十七年《傳》：「秋，周甘歜（周大夫）敗戎于邧垂，乘其飲酒也。」

魯宣公二年，齊王子城父敗長狄歜瞞，獲其弟榮如，埋首於北門。（《史記・魯周公世家》文，《集解》：「駰案：〈年表〉齊惠公二年，魯宣公二年也。」）

楚伐陸渾之戎。宣公三年《經》：「楚子伐陸渾之戎。」《史記・楚世家》：「（莊王）八年，伐陸渾戎，遂至洛，觀兵於周郊。」

魯取根弁。宣公九年《經》：「秋，取根弁。」杜注：「根弁，東夷國也。」

晉滅赤狄潞氏。宣公十五年《經》：「六月，癸卯，晉師滅赤狄潞氏，以潞子嬰兒歸。」

晉滅赤狄甲氏及留吁。宣公十六年《經》：「春王正月，晉人滅赤狄甲氏及留吁。」《左傳》：「十六年，晉士會帥師滅赤狄甲氏及留吁、鐸辰。」《史記・晉世家》：「（景公）七年，晉使隨會滅赤狄。」

周伐茅戎。成公元年《傳》：「元年春，晉侯使瑕嘉平戎于王，單襄公如晉拜成。劉康公徹戎，將逐伐之。叔服曰：『背盟而欺大國，此必敗。背盟不祥，欺大國不義，神人弗助，將何以勝？』不聽，遂伐茅戎。三月癸未，敗績于徐吾氏。」

晉伐赤狄廧咎如。成公三年《經》：「晉郤克、衛孫良夫伐廧咎如。」《左傳》：「晉郤克、衛孫良夫伐廧咎如，討赤狄之餘焉。廧咎如潰，上失民也。」

晉敗狄于交剛。成公十二年《經》：「秋，晉人敗狄于交剛。」《左傳》：「狄人間宋之盟以侵晉，而不設備。秋，晉人敗狄于交剛。」

齊伐萊。襄公二年《傳》：「齊侯伐萊，萊人使正輿子賂夙沙以索馬牛皆百匹，齊師乃還。君子是以知齊靈公之為靈也。」

齊滅萊。襄公六年《經》：「十有二月，齊滅萊。」《左傳》記其經過云：「十一月，齊侯滅萊，萊恃謀也，於鄭子國之來聘也。四月，晏弱城東陽而遂圍萊。甲寅，堙之環城，傅於堞。及杞桓公卒之月，乙未，王湫帥師及正輿子、棠人軍齊師，齊師大敗之。丁未，入萊，萊共公浮柔奔棠，正輿子、王湫奔莒，莒人殺之。四月，陳無宇獻萊宗器于襄宮。晏弱圍棠，十一月丙辰而滅之，遷萊于郳。高厚、崔杼定其田。」

晉敗群狄于大鹵。昭公元年《經》：「晉荀吳帥師敗狄于大鹵。」《左傳》：「晉中行穆子敗無終及群狄於大原，崇卒也。將戰，魏舒曰：『彼徒我車，所遇又阨，以什共車必克。困諸阨，又克。請皆卒，自我始。』乃毀車以為行，五乘為三伍。荀吳之嬖人不肯卒，斬以徇。為五陳以相離，兩於前，伍於後，專為右角，參為左角，偏為前拒以誘之。翟人笑之，未陳而薄之，大敗之。」

晉滅肥。昭公十二年《傳》：「晉荀吳偽會齊師者，假道於鮮虞，遂入昔陽。秋八月壬午，滅肥，以肥子緜皋歸。」

晉伐鮮虞。昭公十二年《經》：「晉伐鮮虞。」《左傳》：「伐鮮虞，因肥之役也。」

晉以上軍侵鮮虞。昭公十三年《傳》：「鮮虞人聞師之悉起也，

而不警邊，且不修備。晉荀吳自著雍以上軍侵鮮虞，及中人驅衝競，大獲而歸。」

晉伐鮮虞並圍鼓。昭公十五年《經》：「秋，晉荀吳帥師伐鮮虞。」《左傳》：「晉荀吳帥師伐鮮虞，圍鼓。鼓人或請以城叛，穆子弗許。……鼓人告食竭力盡而後取之，克鼓而反，不戮一人，以鼓子鳶鞮歸。」

楚誘戎蠻子殺之。昭公十六年《經》：「楚子誘戎蠻子殺之。」《左傳》：「齊侯伐徐，楚子聞蠻氏之亂也，與蠻子之無質也，使然丹誘戎蠻子嘉殺之，遂取蠻氏。既而復立其子焉，禮也。……」

晉荀吳帥師滅陸渾之戎。昭公十七年《經》：「八月，晉荀吳帥師滅陸渾之戎。」《左傳》：「晉侯使屠蒯如周，請有事於雒與三塗。萇弘謂劉子曰：『客容猛，非祭也，其伐戎乎？陸渾氏甚睦於楚，必是故也，君其備之。』乃警戒備。九月丁卯，晉荀吳帥師涉自棘津，使祭史先用牲於雒。陸渾人弗知，師從之。庚午，遂滅陸渾，數之以其貳於楚也。陸渾子奔楚，其眾奔甘鹿，周大獲。宣子夢文公攜荀吳而授之陸渾，故使穆子帥師獻俘于文宮。」

楚國伐濮。昭公十九年《傳》：「……楚子為舟師以伐濮。……」

晉滅鼓。昭公二十二年《傳》：「晉之取鼓也，既獻，而反鼓子焉，又叛於鮮虞。六月，荀吳略東陽，使師偽糴者，負甲以息於昔陽之門外，遂襲鼓，滅之，以鼓子鳶鞮歸，使涉佗守之。」

晉伐鮮虞。定公四年《經》：「晉士鞅，衛孔圉伐鮮虞。」

晉圍鮮虞。定公五年《經》：「冬，晉士鞅帥師圍鮮虞。」《左傳》：「晉士鞅圍鮮虞，報觀虎之役也。」

晉執戎蠻子赤歸于楚。哀公四年《經》：「晉人執戎蠻子赤歸于

楚。」《左傳》：「夏，楚人既夷虎，乃謀北方。左司馬眅、申公壽餘、葉公諸梁致蔡於負函，致方城之外於繒關，曰：「吳將泝江入郢，將奔命焉。」為一昔之期，襲梁及霍。單浮餘圍蠻氏，蠻氏潰，蠻子赤奔晉陰地，司馬起豐、析與狄戎，以臨上雒。左師軍于菟和，右師軍于倉野，使謂陰地之命大夫士蔑曰：『晉、楚有盟，好惡同之。若將不廢，寡君之願也。不然，將通於少習以聽命。』

士蔑請諸趙孟，趙孟曰：『晉國未寧，安能惡於楚？必速與之。』士蔑乃致九州之戎，將裂田以與蠻子而城之，且將為之卜，遂執之與其五大夫以畀楚師于三戶。司馬致邑立宗焉，以誘其遺民，而歸俘以歸。」

晉伐鮮虞：哀公六年《經》：「晉趙鞅帥師伐鮮虞。」《左傳》：「晉伐鮮虞，治范氏之亂也。」

楚伐東夷。哀公十九年《傳》：「秋，楚沈諸梁伐東夷，三夷男女及楚師盟于敖。」

綜觀前述戎狄侵諸夏卅八次，而諸夏征戎狄四十八次，顯然諸夏佔優勢。其間戎狄勢力雖嘗危及諸夏，且滅衛、滅邢、滅溫，然終為諸夏所制。首先晉襄公斬白狄君，魯文公斬獲長狄君僑如，晉獲焚如，齊獲榮如，衛獲簡如，長狄遂亡；而晉又滅赤狄潞氏、甲氏、留吁、鐸辰等部落，使北方長狄、赤狄先後衰亡。此時狄族僅餘白狄之鮮虞（河北正定縣一帶）、肥（山西晉陽一帶）、鼓（河北晉縣一帶）三大部落。至魯昭公元年，晉又滅肥，昭公十七年再滅鼓，自是狄族僅餘鮮虞，其後則有中山。

未幾，諸夏內訌，韓、趙、魏三家分晉，田氏亦篡齊，至周威烈王進入戰國局面。而此時東方諸夷戎，先後為齊、魯等國所征服，已漸散為民戶（《後漢書・東夷傳》）。南蠻則為楚國征服（《後漢書・南蠻傳》）。惟趙之北尚有林胡（《史記集解》引如淳曰：「林胡即儋林，為李牧所滅。」）樓煩之戎，中有中山（白狄鮮虞之餘種）腹心之禍；燕北有東胡山戎；秦自隴西有縣渚、緄戎（顏師古以為混夷，韋昭謂春秋犬戎。）翟獂之戎，岐梁山涇漆之北有義渠、大荔、烏氏、朐衍之戎（《史記・匈奴

傳》）。

　　以上諸胡戎，亦均為諸夏所制，或將其滅亡，或拒之邊塞，迄秦漢，匈奴併北方諸胡，始成強國。與中原勢成對立。茲列述戰國時代，諸夏對戎狄之征戰情形如左：

　　周貞定王八年（秦厲公十六年），秦伐大荔，取其王城。（《史記·秦本紀》）

　　周貞定王二十五年（秦厲公三十三年），秦伐義渠，虜其王。（《史記·秦本紀》）

　　同年，韓、魏共滅伊洛陰戎。其遺脫者皆走西踰汧隴。自此「中國」除義渠外，無戎禍。（《後漢書·西羌傳》）

　　周顯王八年（秦孝公元年），秦斬戎之獳王。（《史記·秦本紀》）

　　周顯王四十二年（秦惠王十一年），秦設縣於義渠，以其君為臣。（《史記·秦本紀》）

　　周赧王元年，（秦惠王更元十年），秦伐義渠，得二十五城。（《史記·秦本紀》）

　　周赧王五年（秦武公元年），秦伐義渠、丹犂。（《史記·秦本紀》）

　　周赧王九年，趙武靈王二十年，「胡服騎射」，略中山地，至寧葭，西略胡地，至榆中，林胡王獻馬。（《史記·趙世家》）

　　周赧王十年，趙武靈王廿一年，伐中山，取丹丘等地，中山獻四邑以和（《史記·趙世家》）。

　　周赧王十二年，趙武靈王廿三年，趙攻中山。（《史記·趙世家》）

　　周赧王十四年，趙武靈王廿六年，趙再攻中山。（《史記·趙世家》及〈六國表〉）廿七年立王子何為王，自號為主父，主父欲

令子主治國，而身胡服，將士大夫西北略胡地，而欲從雲中、九原直入秦，於是自詐為使者入秦。（《史記‧趙世家》）

周赧王十九年，趙主父行新地（趙新取中山地），遂出代，西遇樓煩王于西河而致其兵。（《史記‧趙世家》）

周赧王二十年，趙主父與齊、燕共滅中山，遷其王於膚施。（《史記‧趙世家》）

周赧王四十二年，趙惠文王廿六年，取東胡歐代地。（《史記‧趙世家》）

周赧王四十二年，秦宣太后誘殺義渠王于甘泉，因起兵滅之。（《史記‧匈奴傳》、《後漢書‧西羌傳》）

燕以賢將胡開為質於胡，胡甚信之，歸而襲走東胡，東胡却千餘里。（《史記‧匈奴傳》）

趙孝成王以李牧為邊將。《史記‧李牧傳》云：「李牧者，趙之北邊良將也，常居代雁門，備匈奴，以便宜置吏，市租皆輸入莫府，為士卒費。日擊數牛饗士，習騎射，謹烽火，多間諜，厚遇戰士，為約曰：匈奴即入盜，急入收保，有敢捕虜者斬。匈奴每入，烽火謹，輒入收保，不敢戰。如是數歲，亦不亡失。然匈奴以李牧為怯，雖趙邊兵亦以為吾將怯。趙王讓李牧，李牧如故。趙王怒，召之，使他人代將。歲餘，匈奴每來，出戰，出戰數不利，失亡多，邊不得田畜。復請李牧，牧杜門不出，固稱疾，趙王乃復彊起使將兵。牧曰：王必用臣，臣如前，乃敢奉命。王許之。李牧至，如故約。匈奴數歲無所得，終以為怯。邊士日得賞賜而不用，皆願一戰。於是乃具選車得千三百乘，選騎得萬三千四，百金之士五萬人，彀者十萬人，悉勒習戰。大縱畜牧，人民滿野。匈奴小入，佯北不勝，以數千人委之。單于聞之，大率眾來入。李牧多為奇陳，張左右翼擊之，大破匈奴十餘萬騎。滅襜襤（胡名，在代北），破東胡，降林胡，單于奔走。其後十餘歲，匈奴不敢近趙邊城。」

後秦滅六國，使蒙恬將十萬之眾北擊匈奴，悉收河南之地，因河為塞，築四十四縣，徙適戍充之，而通道自九原至雲陽，因邊山險，塹谿谷，起臨

洮至遼東萬餘里，當是時，東胡強，而月氏盛，匈奴單于頭曼不勝秦，北徙
十餘年，而蒙恬死，諸侯畔秦，中國擾亂，匈奴復南下，至漢初，匈奴單于
冒頓東滅東胡，西敗月氏，遂為北方大國。

三、諸夏防戎狄

　　諸夏對付戎狄，除征戰外，亦同時採防禦政策，而此一政策之運用，最
早始自商朝帝乙三年，「命南仲西拒昆夷，城朔方。」（《竹書紀年》）其
後則至春秋時代，齊桓公等救邢退狄為之築城防守。

　　諸侯（齊、宋、曹）替邢國修城防禦狄人。

　　　　僖公元年《經》：「齊師、宋師、曹師次于聶北，救邢。」又
　　　　云：「夏六月，邢遷夷儀。齊師、宋師、曹師城邢。」《左
　　　　傳》：「諸侯救邢。邢人潰，出奔師。師遂逐狄人，具邢器用而
　　　　遷之，師無私焉。」又云：「夏，遷邢于夷儀，諸侯城之，救患
　　　　也。凡侯伯，救患、分災、討罪，禮也。」

　　諸侯替衞國修城防禦狄人。

　　　　僖公十二年《傳》：「春，諸侯城衞楚丘之郛，懼狄難也。」

　　諸侯派兵戍守周王城

　　　　僖公十三年《傳》：「秋，為戎難故，諸侯戍周，齊仲孫湫致
　　　　之。」

　　諸侯替杞國修築緣陵城

　　　　僖公十四年《經》：「春，諸侯城緣陵。」《傳》：「十四年
　　　　春，諸侯城緣陵而遷杞焉。不書其人，有闕也。」

　　齊帥諸侯戍守周王

　　　　僖十六年《傳》：「王以戎難告于齊，齊徵諸侯而戍周。」

　　　　《國語‧齊語》載：「桓公、管子……築葵茲、晏、負夏、領釜
　　　　丘以禦戎狄之地，所以禁暴於諸侯也；築五鹿、中牟、蓋與、牡
　　　　丘，以衞諸夏之地，所以示權於中國也。」

其後至於戰國，近於中原戎狄漸衰，而西北戎狄勢熾，因是：

秦昭襄王時，宣太后誘滅義渠，乃於隴西、北地、上郡築長城以拒胡。（《史記‧匈奴傳》）

趙武靈王時北破林胡、樓煩，築長城自代城並陰山下至高闕為塞，而置雲中、雁門、代郡。（《史記‧匈奴傳》）

燕破東胡，築長城自造陽至襄平，置上谷、漁陽、右北平、遼東郡以拒胡。

至秦統一六國，更連燕、趙、秦舊有長城以防匈奴。

四、諸夏戎狄會盟

諸夏戎狄並非完全處於戰爭狀況，有時亦和平相處，自魯惠公起，戎人即與之修好。如魯隱公二年《傳》：「公會戎于潛，修惠公之好也」即為明證。之後，齊、魯、晉、楚、宋等與戎狄會盟之事，見於春秋經傳者有下列記載：

(一)魯、戎會于潛

隱公二年《經》：「二年春，公會戎于潛。」魯隱公何以與戎相會？《左傳》：「修惠公之好也。」然「戎請盟，公辭」按「盟」有一定「禮儀」及「誓辭」，魯隱公僅許其修好，辭謝與盟，至同年秋天，戎人再度要求與魯結盟，魯始與戎結盟於唐（今山東魚台縣）。

隱公二年《經》：「秋八月庚辰，公及戎盟于唐。」《傳》：「戎請盟，秋，盟于唐，復修戎好也。」

(二)魯與戎再會于唐

桓公二年《經》：「公及戎盟于唐。冬，公至自唐。」《左傳》：「公及戎盟于唐，修舊好也。」按魯隱公二年，魯戎已結盟好，此時何故又盟于唐？《左傳》雖云「修舊好」，然魯桓公期間經傳未載雙方情感破裂之事。而結盟之「時限」與「內容」均無可考。

(三)周與戎和平相處

僖公十一年《傳》：「夏，揚拒、泉皋、伊雒之戎，同伐京師，入王城，焚東門，王子帶召之也。秦晉伐戎以救周，秋，晉侯平戎于王。」按：諸戎之侵入王城，乃王子帶召之也，非戎人之本意，故晉惠公出面調停戎人，使其與周室保持和平。

(四)周與戎人再度和平，晉與戎人亦和平相處

僖公十二年《傳》：「冬，齊侯使管夷吾平戎于王，使隰朋平戎于晉。……」按戎人與周不和，乃上年王子帶召戎人伐京師之故，晉侯雖曾調解，或因周室前怨未棄，而戎人與王子帶仍通生氣，故是年秋，周王仍以戎難故，再討王子帶，時齊桓公以霸者身份，雖主張「攘夷尊王」，但前此夷人侵邢，齊曾攘夷救邢，而此次戎人之侵周，乃王子帶所召，非戎人之咎，桓公為表示霸者風範，故使管仲調停周襄王與戎人關係，又因前此晉國曾伐戎救周，故亦使隰朋調停晉國與戎人關係。

(五)齊國與狄人分別在邢國會盟

僖公二十年《經》：「秋，齊人、狄人盟於邢。」《左傳》：「秋，齊、狄盟於邢，為邢謀衛難也，於是衛方病邢。」

有謂「齊人、狄人在邢國會盟」；有謂「齊人、狄人同時分別與邢國會盟。」按《左傳》語意視之，則後者為是。蓋邢、衛為仇（僖公十八年，邢人、狄人伐衛。僖公十九年而衛人又伐邢。），狄亦與衛為仇（閔公二年，狄曾滅衛，為齊、宋、曹所救。僖公十三年、十八年，狄又侵衛），故邢、狄結盟「為邢謀衛難也。」至於齊何以與邢會盟對付衛，亦因衛人曾與宋襄公等諸侯伐齊，（僖公十八年《經》：宋公、曹伯、衛人、邾人伐齊）是齊與邢結盟對付衛國也。

(六)衛人與狄人結盟

僖公卅二年：「衛人侵狄。」又云：「衛人及狄盟。」《左

傳》：「夏，狄有亂，衛人侵狄，狄請平焉。秋，衛人及狄人盟。」按：前此狄曾五次侵衛，衛受威脅甚大。茲乃乘狄有亂事，遂侵狄，狄要求和平，衛以終不能敵狄，再則邢、衛為仇，而狄、邢又結盟以對衛，前此齊、邢亦結盟，衛因勢孤，故與狄盟。

(七)魯與雒戎會盟

文公八年《經》：「乙酉，公子遂會雒戎於暴。」《左傳》：「晉以扈之盟來討。冬，襄仲會晉趙孟，盟于衡雍，報扈之盟也，遂會雒之戎。書曰：公子遂，珍之也。」按：此為魯文公與晉國會盟後，順道與伊雒之戎盟於暴（河南原武縣境）。

(八)白狄與晉國和平

宣公八年《傳》：「春，白狄及晉平。」

(九)晉與眾狄和

宣公十一年《經》：「秋，晉侯會狄于攢函。」（今河南修武縣）《左傳》：「晉郤成子求成于眾狄，眾狄疾赤狄之役，遂服于晉。秋，會于攢函，眾狄服也。是行也，諸大夫欲召狄。郤成子曰：『吾聞之，非德，莫如勤，非勤，何以求人？能勤，有繼，其從之也。《詩》曰：文王既勤止。文王猶勤，況寡德乎？』」

(十)晉與諸戎和

襄公四年《傳》：「無終子嘉父使孟樂如晉，因魏莊子納虎豹之皮，以請和諸侯。晉侯曰：『戎狄無親而貪，不如伐之。』魏絳曰：『諸侯新服，陳新來和，將觀於我。我德則睦，否，則攜貳。勞師於戎，而楚伐陳，必弗能救，是棄陳也，諸華必叛。戎，禽獸也，獲戎失華，無乃不可乎？《夏訓》有之曰：『有窮后羿。』公曰：『后羿何如？』對曰：『昔有夏之方衰也，后羿自鉏遷于窮石，因夏民以代夏政，恃其射也，不修民事，而淫

于原獸，棄武羅、伯因、熊髡、尨圉，而用寒浞。寒浞，伯民氏
之讒子弟也，伯明后寒棄之，夷羿收之，信而使之，以為己相。
浞行媚于內，而施賂于外，愚弄其民，而虞羿于田。樹之詐慝，
以取其國家，外內咸服。羿猶不悛，將歸自田，家眾殺而烹之，
以食其子，其子不忍食諸，死于窮門。靡奔有鬲氏，浞因羿室，
生澆及豷，恃其讒慝詐偽，而不德于民，使澆用師滅斟尋氏，處
澆于過，處豷于戈。靡自有鬲氏收二國之燼，以滅浞而立少康。
少康滅澆于過，后杼滅豷于戈，有窮由是遂亡，失人故也。昔周
辛甲之為大史也，命百官箴王闕，於《虞人之箴》曰：『芒芒禹
迹，畫為九州，經啟九道，民有寢廟，獸有茂草，各有攸處，德
用不擾。在帝夷羿，冒于原獸，忘其國恤，而思其麀牡。武不可
重，用不恢于夏家。獸臣司原，敢告僕夫。』《虞箴》如是，可
不懲乎？於是晉侯好田，故魏絳及之。公曰：『然則莫如和戎
乎？』對曰：『和戎有五利焉：戎狄荐居，貴貨易土，土可賈
焉，一也。邊鄙不聳，民狎其野，穡人成功，二也。戎狄事晉，
四鄰振動，諸侯威懷，三也。以德綏戎，師徒不勤，甲兵不頓，
四也。鑒予后羿，而用德度，遠至邇安，五也。君其圖之。』公
說，使魏絳盟諸戎，修民事，田以時。」按：無終即山戎國民，
當今河北玉田縣，或云太原東境。嘉父為無終國君，孟樂為其
臣，與晉魏絳有舊。因得介紹，獻虎豹之皮與晉侯，並求與諸戎
和平相處。最初晉侯謂狄戎不講情理，主張討伐，經魏絳苦心勸
說，以「和戎有『五利』」，晉侯始聽。《史記・晉世家》：「晉
悼公任魏絳，使和戎，戎大親附。十一年，悼公曰：『自吾用魏
絳，九合諸侯，和戎翟，魏子之力也。』」《國語・晉語七》亦
載：「五年，無終子嘉父使孟樂因魏莊子納虎豹之皮以和諸戎。
公曰：戎，狄無親而好得，不若伐之。魏絳曰：勞師于戎而失諸
華，雖有功，猶得獸而失人也，安用之？且夫戎、狄荐處，貴貨
而易土。予之貨而獲其土，其利一也；邊鄙耕農不儆，其利二
也；戎、狄事晉，四鄰莫不振動，其利三也。君其圖之。公說，
故使魏絳撫諸戎，於是乎遂伯。」

(十一)諸侯與淮夷大會盟

　　昭公四年《經》：「夏，楚子、蔡侯、陳侯、鄭伯、許男、徐
　　子、滕子、頓子、胡子、沈子、小邾子、宋世子佐、淮夷會于
　　申。」

(十二)宋與徐戎會盟

　　昭公十九年《傳》：「邾人、郳人、徐人會宋公。乙亥，同盟于
　　蟲。」

五、諸夏戎狄聯合作戰

　　諸夏與戎狄在彼此「敵對」況狀時，自然相征戰，但在某種情況下除和
平相處之外，又聯合併肩作戰，親如兄弟，此種情形多為諸夏聯戎狄，亦有
天子下令者，顯然戎狄之參與諸夏作戰者，乃為諸夏所利用，間亦有諸夏為
戎狄而戰，以及戎狄為諸夏而戰者，此在《春秋》經傳中可得如下紀載：

　　(一)齊國與徐戎共伐英氏

　　僖公十七年《經》：「春，齊人、徐人伐英氏。」

　　按：徐人為東夷國，齊人何以與徐人伐英氏，據《左傳》：「春，齊人
為徐伐英氏，以報婁林之役也。」先是僖公十五年《經》：「楚人敗徐于婁
林。」《傳》：「楚敗徐于婁林，徐恃救也。」所云「徐恃救也」，即因徐
國仗恃齊國之救援，是齊、楚兩國因徐國之事而不悅。又按英氏乃楚之與
國，故齊人為徐人討伐英氏，為了報復楚敗徐于婁林之役。由知齊人之所以
與徐人並肩作戰，其目的在對付楚國，非真為徐國實乃為齊國自身利益也。

　　(二)狄人援救齊國

　　僖公十八年《經》：「狄救齊。」

　　《穀梁》謂：「善救齊也。」前此魯國軍隊亦嘗救齊，《穀梁》
　　亦云「善救齊也。」按：此時齊桓公卒，諸公子爭位，宋襄公嘗
　　以諸侯伐齊定亂，齊人與宋襄公聯合對付四公子，推立公子昭為
　　齊孝公。所云「狄救齊」，乃指狄人幫助四公子黨羽對付宋國。

宋國欲以霸者姿態出現，故興師入齊干預齊國內政，魯師、狄師先後救齊，旨在對付侵齊之宋國，故《穀梁》謂為「善救齊也。」

(三)邢人、狄人伐衛

僖公十八年《經》：「冬，邢人、狄人伐衛。」《左傳》：「冬，邢人、狄人伐衛，圍菟圃。衛侯以國讓父兄子弟及朝眾，曰：苟能治之，燬請從焉。眾不可，而後師于訾婁，狄師還。」

(四)周王命狄師伐鄭

周襄王十七年（僖公廿五年），王降狄師以伐鄭（《國語·周語中》）。

(五)晉國與姜戎敗秦

僖公卅三年《經》：「夏四月辛已，晉人及姜戎敗秦師于殽。」

按：秦晉本為「姻國」，秦穆公與晉文公為爭霸中原而決裂，秦穆公乃乘晉文公喪，襄公初立之際，遠襲晉之從國滑、鄭兩國。歸途中遂為晉國與姜戎擊敗于殽。《左傳》對秦、晉殽之戰記述頗詳，惟姜戎何以要與晉國合力擊秦，《傳》中有「（晉）遂發令，遽興姜戎」一語，而姜戎又在晉國境內，顯見姜戎為晉之與國而被徵用。

(六)晉國與白狄聯合伐秦

宣公八年《經》：「晉師、白狄伐秦。」《左傳》：「八年春，白狄及晉平。夏，會晉伐秦，晉人獲秦諜，殺諸絳市，六日而蘇。」按：白狄為狄之別種，首見書於經傳。自僖公以下，北方狄人全在晉國控制下，故白狄伐秦顯屬被動。至於晉國何以伐秦？據〈晉世家〉載：「屬公元年，欲和諸侯，與秦桓公夾河而盟，歸而秦倍盟，與翟謀伐晉。……」

(七)衛國、鄭國與伊雒之戎、陸渾、蠻氏聯合侵宋

成公六年《經》：「衛孫良夫帥師侵宋。」《左傳》：「三月，晉伯宗、夏陽說、衛孫良夫、寧相、鄭人、伊雒之戎、陸渾、蠻氏侵宋。……」

(八)秦國與白狄伐晉

成公九年《經》：「秦人、白狄伐晉。」《左傳》：「秦人、白狄伐晉，諸侯貳故也。」按：此時晉已將赤狄滅亡，白狄自然有感於亡國之懼，乘諸侯皆對晉國有貳心之故，亦往伐晉。

(九)楚、蔡、陳、許等聯淮夷伐吳

昭公四年《經》：「秋，楚子、蔡侯、陳侯、許男、頓子、胡子、沈子、淮夷伐吳，執齊慶封，殺之，遂滅賴。」按：此時楚國勢強，諸侯聽之，淮夷自亦在指揮之列。

(十)楚、蔡、陳、許等聯徐戎伐吳

昭公五年《經》：「冬，楚子、蔡侯、陳侯、許男、頓子、沈子、徐人、越人伐吳。」《左傳》：「冬，十月，楚子以諸侯及東夷伐吳，以報棘櫟之役。……」按：此時吳楚爭強，前此吳曾伐楚，故楚又伐吳，東夷與戰，自亦為楚所脅迫也。

(十一)晉與陰戎伐穎

昭公九年《傳》：「周甘人與晉閻嘉爭田，晉梁丙、張趯率陰戎伐穎。……」按：穎為周邑，先因周甘大夫讓與晉國閻嘉爭田，晉乃率陰戎（陸渾之戎）伐周穎地（河南登封），周王遂派詹桓伯責讓晉國，晉知無理，乃撤退穎地，返回俘虜。按：晉、周同姓，晉率陰戎伐同宗已不義，亦率陰戎以不義。陰戎原居秦之西北，《左傳‧僖公二十二年》：晉貪其人，乃將之遷於伊川一帶，成為晉之屬民，故陰戎受其控制。

(十二)晉與九州之戎勤王

昭公二十二年《傳》：「……晉籍談、荀躒帥九州之戎以納王于王城。」按：周景王死，王子朝作亂，悼王亦為權臣所挾，晉乃率九州之戎及晉國焦、瑕、溫、原之師，納悼王於王城。此乃戎人勤王之舉也。

(十三)晉范、中行黨羽成鮒、小王桃甲率狄師叛晉

定公十四年《傳》：「晉人圍朝歌，公會齊侯、衛侯於脾、上梁之間，謀救范、中行氏。析成鮒、小王桃甲率狄師以襲晉，戰于絳中，不克而還。士鮒奔周，小王桃甲入於朝歌。……」

按：此時晉國國君失勢，范、中行氏等六大夫專擅，小王桃甲、析成鮒均為晉國大夫，黨於范、中行氏時，小王桃甲率狄師往救，但沒有成功。按：此時狄人諸部落先後為晉國滅亡，所餘僅鮮虞（河北正定縣一帶）一大部落，魯定公四年、五年，晉又嘗兩次圍伐鮮虞，是晉與鮮虞敵對甚烈，茲當晉國國君與諸大夫發生戰爭，而小王桃甲邀狄師（鮮虞）參與作戰，自為狄人所樂意者。

(十四)齊、衛、魯與鮮虞伐晉

魯哀公元年《傳》：「齊侯、衛侯會于乾侯，救范氏也。師及齊師、衛孔圉、鮮虞人伐晉，取棘蒲。」

(十五)韓、趙、魏、燕、齊帥匈奴共攻秦

《史記·秦本紀》：「（惠王）更元七年，韓、趙、魏、燕、齊帥匈奴共攻秦，秦使庶長疾與戰修魚，虜其將申差，敗趙公子渴、韓太子奐，斬首八萬二千。」

(十六)齊、韓、趙、魏、宋與中山攻秦

《史記·秦本紀》：「（昭襄王）十一年，齊、韓、魏、趙、宋中山五國共攻秦，至鹽氏而還。」《正義》：「蓋中山此時屬趙，故云五國也。」按：中山為白狄鮮虞餘種所建，周赧王廿年

為趙所滅。

六、諸夏戎狄互通婚姻

前已述及，夷狄戎蠻甚多與諸夏雜取，屬於民間雙方交互對婚之現象，乃必然之事。而官式婚姻見於典籍中者可得如下記載：

(一)《國語·周語中》載周襄王取狄女為后

> 「周襄王十七年，王降狄師以伐鄭。王德狄人，將以其女為后。富辰諫曰：不可，夫婚姻，禍福之階也。……王不聽。十八年，王黜狄后……」

(二)莊公廿八年《左傳》載晉獻公娶三戎女為妻

> 「晉獻公娶于賈，無子。烝于齊妻，生秦穆夫人及太子申生。又娶二女於戎，大戎狐姬生重耳，小戎子生夷吾。晉伐驪戎，驪戎男女以驪姬，歸生奚齊，其娣生卓子。……」

(三)僖公二十三年《左傳》載晉公子重耳娶狄女為妻

> 「晉公子重耳之及於難也……遂奔狄……狄人伐廧咎如（杜注：赤狄別種。）獲其二女叔隗、季隗，納諸公子，公子取季隗，生伯儵、叔劉。以叔隗妻趙衰，生盾。……」

(四)宣公十五年《經》及《左傳》載晉景公之姊嫁於赤狄

> 「六月癸卯，晉師滅赤狄潞氏，以潞子嬰兒歸。」「潞子嬰兒之夫人，晉景公之姊也。……」

(五)成公十三年《左傳》載晉侯娶白狄女為妻

> 「晉侯使呂相絕秦曰……白狄及君同州，君之仇讎，而我之昏姻也。……」

(六)《史記·秦本紀》載秦穆公以女嫁於戎王

> 「穆公卅四年……以女樂二八遺戎王，戎王受而悅之。」

(七)《史記·趙世家》載趙簡子之女嫁於代王

「趙……趙襄子姊，為代王夫人。……」

(八)《史記·犀首列傳》載秦惠王以婦女嫁義渠君

「秦（惠）王乃以文繡千純，婦女百人遺義渠君。」

七、朝貢

秦孝公使太子駟，率戎狄九十二國朝周顯王。（《後漢書·西羌傳》）

第十章　上古夷狄戎蠻與諸夏關係之檢討

一、諸夏對夷狄戎蠻之批評多屬主觀意識

古代戎狄蠻夷與中央及諸夏之關係，已分別述敍於上，綜合觀之，夷狄戎蠻與中央之關係，猶諸夏與中央之關係，中央之視夷狄，猶中央之視諸夏。雖夷狄攻諸夏，而諸夏亦攻夷狄，夷狄諸夏互攻，猶諸夏之互攻；雖夷狄攻中央，猶諸夏之攻中央，中央討夷狄，亦猶中央討諸夏。此於前述各章言之已詳。總之，如《禮記》所云「中國之夷狄戎蠻」，非外國之夷狄戎蠻。然後世之有論先秦史者，喜從經傳中，斷其章而未取其義，將先人對戎狄一二句「政治」用語，或對戎狄「憤怒」時之一二句「譴責」語，輒引之以為夷狄蠻戎是「野蠻異族」，例如：

(一)有謂戎人「輕而不整，貪而無親。」

按：此為隱公九年《左氏傳》文：

北戎侵鄭，鄭伯禦之，患戎師。曰：「彼徒我車，懼其侵軼我也。」公子突曰：「使勇而無剛者，嘗寇而速去之。君為三覆以待之。戎輕而不整，貪而無親，勝不相讓，敗不相救。先者見獲必務進，進而遇覆必速奔，後者不救則無繼矣！乃可以逞。」從之。戎人之前遇覆者奔，祝聃逐之。衷戎師，前後擊之，盡殪。戎師大奔。十一月甲寅，鄭人大敗戎師。

就全文來看，所云「輕而不整，貪而無親」一語，乃鄭國公子突個人對戎人戰略上之看法，雖幸而言中，但亦僅對北戎而言，其他戎人不可一概而論。況此類情形，諸夏亦有之，如秦國遠襲滑國，秦師過周北門，王孫滿觀之，言之王曰：「秦師輕而無禮，必敗。輕則寡謀，無禮則脫，入險而脫，又不能謀，能無敗乎？」王孫滿亦幸而言中，然此亦就軍紀與戰略言之。

(二)有謂「戎狄豺狼，不可厭也。」

按：此為閔公元年《左氏傳》文：

> 狄人伐邢，管敬仲言於齊侯曰：「戎狄豺狼，不可厭也；諸夏親
> 暱，不可棄也；宴安酖毒，不可懷也。《詩》云：『豈不懷歸？
> 畏此簡書。』簡書，同惡相恤之謂也。請救邢以從簡書。」齊人
> 救邢。

時齊桓公欲稱霸諸侯，管仲主張「尊王攘夷」，自然要以動聽言辭說服
桓公，所云「戎狄豺狼」一語，顯屬「政治」辭令，「豺狼」二字加諸戎狄
是其「用心」，而非「本意」可知。事實上自隱公至閔公，諸夏之討伐戎狄
有十六次之多，而戎人侵諸夏僅六次，且入侵之故，咎在諸夏。例如：

(1)隱公二年，戎請盟，魯不許。

(2)隱公七年，戎伐凡伯，乃凡伯先有辱於戎。

(3)僖公八年，狄人所以伐晉，乃因晉人先敗狄于采桑，狄人為
報仇也。

(4)僖公十年，狄人所以滅衛，乃衛蘇子無信實，既叛王室，又
不和於狄，狄乃伐滅之。

(5)僖公十一年，揚拒、泉皋、伊雒之戎同伐京師，乃周襄王之
弟帶所徵召也。

(6)僖公卅年，狄人所以侵齊，乃因晉國侵鄭，齊晉雖聯盟，因
本國有事，無法救齊，故狄乘機侵齊。

(7)宣公十三年，赤狄所以伐晉，乃晉國大夫先縠所召喚也。晉
國因殺死先縠。

(8)成公六年，伊雒之戎、陸渾之戎、蠻氏等所以侵宋，一則由
晉國、衛國、鄭國所率領，一則因宋國未參加會盟之故。

(9)哀公元年，鮮虞所以伐晉，乃齊侯、衛侯以及魯國等所率
領。

　　再則，楚晉為爭奪勢力範圍，對「中原」諸國，予取予求，對戎狄尤隨心所欲。其他諸夏之對戎狄，或以強欺弱，或乘其不備，例如：

　　(1)僖公卅二年，衛人乘狄亂而侵之。

　　(2)文公十七年，周乘戎人飲酒而伐之。

　　(3)昭公十三年，晉乘鮮虞不修備而伐之。

　　(4)昭公十七年，晉以陸渾戎與楚國和好，偽稱祭祀於洛水，乘陸渾不備而其滅之。

　　(5)昭公十九年，楚為舟師以伐濮，亦因為與晉國爭霸。

　　(6)哀公四年《傳》，晉國為了討好楚國，詐誘九州之戎及蠻子送交楚國。

　　(7)哀公六年《傳》，晉伐鮮虞，為治范氏之亂。

(三)有謂「戎狄無恥，從之必大克。」

　　按此為僖公八年《左氏傳》文：

　　　　晉里克帥師，梁由靡御，虢射為右，以敗狄于采桑。梁由靡曰：
　　　　「狄無恥，從之必大克」里克曰：「拒之而已，無速眾狄。」虢
　　　　射曰：「期年，狄必至，示之弱矣。」夏，狄伐晉，報采桑之役
　　　　也。復期月。

　　此為晉先伐狄，一年之後，狄人為報前仇，故伐晉，咎由晉自取也。至於文中梁由靡所言「狄無恥」一語，乃謂「狄人不以逃走為可恥」（戰敗不走奈何？管夷吾嘗自謂曰：「吾嘗三戰三走，鮑叔不以我為怯，知我有老母也。公子糾敗，召忽死之，吾幽囚受辱，鮑叔不以我無恥，知我不羞小節，而恥功名不顯於天下也。」）後人多為「狄人是無恥之徒」，謬以千里。

(四)有謂「戎狄無親而貪」

　　按此為襄公四年《左氏傳》文：

　　　　無終子嘉父使孟樂如晉，因魏莊子納虎豹之皮，以請和諸戎。晉

侯曰：「戎狄無親而貪，不如伐之。」魏絳曰：「諸侯新服，陳新來和，將觀於我。我德則睦，否，則攜貳。勞師於戎，而楚伐陳，必弗能救，是棄陳也，諸華必叛。……」

晉侯謂「戎狄無親」，殊不知當初晉國居在深山，與戎狄為鄰時，尚且「拜戎不暇」。此事記載於《左傳・昭公十五年》中：「晉居深山，戎狄之與鄰，而遠於王室，王靈不及，拜戎不暇，其何以獻器？」茲當無終國君嘉父遣其大臣孟樂，主動向晉求知，並獻虎豹之皮，而晉侯竟以「戎狄無親而貪」，主張討伐。此乃晉侯個人對戎狄之主觀意識。旋經魏絳解說，以「戎狄荐居，貴貨易土，土可賈；邊鄙不聳，民狎其野，穡人成功；戎狄事晉，四鄰振動，諸侯威懷；以德綏戎，師徒不勤，甲兵不頓；用德度，遠至邇安。」之後，晉侯始悟，乃遣魏絳與諸戎會盟。

按：此事《國語・晉語》與《左傳》之文略有不同：

五年，無終子嘉父使孟樂因魏莊子納虎豹之皮以和諸戎。公曰：「戎狄無親而好得，不若伐之。」魏絳曰：「勞師於戎而失諸華，雖有功，猶得獸而失人也，安用之。且夫戎、狄荐處，貴貨而易土，予之貨而獲其土，其利一也；邊鄙耕農不儆，其利二也；戎、狄事晉，四鄰莫不震動，其利三也；君其圖之。」公說。故使魏絳撫諸戎，於是乎遂伯。

《左傳》謂「戎狄無親而貪」，《國語》謂「戎狄無親而得」，此二語意義本相同，為一事異文而已，然後世學者卻分別引述二語以其對戎人之評論，實屬誤也。

(五)有謂「戎狄豺狼也」

按此為《國語・周語中》文：

襄王十三年，鄭人伐滑。王使游孫伯請滑，鄭人執之。王怒，將以狄伐鄭。富辰諫曰：「不可，古人有言曰：『兄弟讒鬩，侮人百里。』……鄭在天子，兄弟也，鄭武、莊有大勳力于平、桓；我周之東遷，晉、鄭是依；子頹之亂，又鄭之緣定。今以小忿棄之，是以小怨置大德也，無乃不可乎！且夫兄弟之怨，不徵於他，徵於他，利乃外矣，章怨外利，不義；棄親即狄，不祥；

以怨報德，不仁。夫義所以生利也，祥所以事神也，仁所以保
民也。不義則利不阜，不祥則福不降，不仁則民不至。古之明王
不失此三德者，故能光有天下，而和寧百姓，令聞不忘。王其不
可以棄之。」王不聽。十七年，王降狄師以伐鄭。王德狄人，將
以其女為后，富辰諫曰：「不可，夫婚姻，禍福之階也。由之利
內則福，利外則取禍。今王外利矣，其無乃階禍乎……夫狄無列
於王室，鄭伯南也，王而卑之，是不尊貴也。狄，豺狼之德也，
鄭未失周典，王而蔑之，是不明賢也。平、桓、莊、惠，皆受鄭
勞，王而棄之，是不庸勳也。鄭伯捷之齒長矣，王而弱之，是不
長老也。狄，隗姓也，鄭出自宣王，王而虐之，是不愛親也。夫
禮，新不閒舊，王以狄女閒姜、任，非禮且棄舊也。王一舉而棄
七德，臣故曰利外矣。書有之曰：『必有忍也，若能有濟也。』
王不忍小忿而棄鄭，又登叔隗以階狄。狄，封豕豺狼也，不可厭
也。」王不聽。

　　文中凡云「戎狄豺狼」，皆出於富辰之口，富辰身為周大夫，以襄王既
以狄師伐親，復以狄女為后，站在本族（宗族）本位主義立場，故指戎狄為
「豺狼」，企圖勸阻襄王，固乃人之常情也。然襄王身為天子，「王者欲一
乎天下」，曷為僅內諸侯而外夷狄？！故終未採納，蓋以周室賢臣多矣，何
獨富辰不以為然，由見富辰對戎狄之成見極深。

　　然關於周襄王欲以狄師伐鄭一事，《左傳》記載富辰諫襄王之語，與
《國語》中之用辭絕然不同，《左傳·僖公廿四年》文：

鄭之入滑也，滑人聽命。師還，又即衛。鄭公子士、洩堵愈彌帥
師伐滑。王使伯服、游孫伯如鄭請滑。鄭伯怨惠王之入而不與屬
公爵也，又怨襄王之與衛滑也，故不聽王命，而執二子。王怒，
將以狄伐鄭。富辰諫曰：「不可。臣聞之，太上以德撫民，其次
親親，以相及也。昔周公弔二叔之不咸，故封建親戚以藩屏周。
管、蔡、郕、霍、魯、衛、毛、聃、郜、雍、曹、滕、畢、原、
酆、郇，文之召也。邢、晉、應、韓，武之穆也。凡、蔣、邢、
茅、胙、祭，周公之胤也。召穆公思周德之不類，故糾合宗族于
成周，而作詩曰：『常棣之華，鄂不韡韡，凡今之人，莫如兄

弟。』其四章云：『兄弟閱于牆，外禦其侮。』如是，則兄弟
雖有小忿，不廢懿親。今天子不忍小忿，以棄鄭親，其若之何？
庸勳、親親、暱近、尊賢，德之大者也；即聾、從昧、與頑、用
嚚，姦之大者也。弃德、崇姦，禍之大者也。鄭有平、惠之勳，
又有厲、宣之親，弃嬖寵而用三良，於諸姬為近，四德具矣。耳
不聽五聲之和為聾，目不別五色之章為昧，心不則德義之經為
頑，口不道忠信為嚚，狄皆則之，四姦具矣。周之有懿德也，猶
曰莫如兄弟，故封建之。其懷柔天下也，猶懼有外侮，扞禦侮
者，莫如親親，故以親屏周。召穆公亦云。今周德既衰，於是乎
又渝周，召以從諸姦，無乃不可乎？民未忘禍，王又興之，其若
文、武何？」王弗聽，使頹叔、桃子出狄師。

關於周襄王欲納狄女為后一事，《左傳》記載富辰諫襄王之語，與《國
語·周語》中之用辭亦絕然不同，《左傳·僖公廿四年》文云：

> 夏，狄伐鄭，取櫟。王德狄人，將以其女為后。富辰諫曰：「不
> 可，臣聞之曰：『報者倦矣，施者未厭。』狄固貪惏，王又啟
> 之。女德無極，婦怨無終，狄必為患。王又弗聽。……

按：同屬一件事，同為富辰諫襄王，何以《左傳》與《國語》記載不
同。可見話由人說，文由人寫，然《左傳》、《國語》同為左丘明一人所
撰，話既由一人所說，文亦由一人所撰，而「話」、「文」為何不相同？此
無他，《左傳》詳，《國語》略，《左傳》言事，《國語》言義，《左傳》
成於先，而《國語》成於後，明乎此，則《左傳》為第一手資料，《國語》
為第二手資料。然後世學者既引《國語》中之語謂戎狄為「豺狼」；又引
《左傳》中之語謂戎狄「四姦具矣」，其用心何在，殊不可解。

(六)有謂「戎狄血氣不治，若禽獸焉。」

按此為《國語·周語》中文：

> 晉侯使隨會聘于周，定王享之餚烝，原公相禮。范子私於原公，
> 曰：「吾聞王室之禮無毀折，今此何禮也。」王見其語，召原公
> 而問之，原公以告。王召士季，曰：「子弗聞乎，禘郊之事，則
> 有全烝；王公立飫，則有房烝；親戚宴饗，則有餚烝。今女非他

也，而叔父使士季實來修舊德，以獎王室。唯是先王之宴禮，欲
以貽女。余一人敢設飫禘焉，忠非親禮，而干舊職，以亂前好。
且唯戎、狄則有體薦。夫戎、狄冒沒輕儳，貪而不讓。其血氣不
治，若禽獸焉。其適來班貢，不俟馨香嘉味，故坐諸門外，而使
舌人體委與之。……」

就全文視之，周定王指戎狄「若禽獸」，非有用心，而有用意，此猶孟
子斥「墨子兼愛，無父也；楊子為我，無君也。無父無君，乃禽獸也。」然
則，墨子、楊朱之輩，吾人可謂其為禽獸乎？

(七)有謂「南蠻鴃舌」

按此為《孟子・滕文公》章句上語：

……今也南蠻鴃舌之人，非先王之道，子倍子之師而學之，亦異
於曾子矣。吾聞出於幽谷，遷于喬木者，未聞下喬木而入於幽谷
者。魯頌曰：「戎狄是膺，荊舒是懲。」周公方且膺之，子是之
學，亦為不善變矣。從許子之道，則市賈不貳，國中無偽；雖使
五尺之童適市，莫之或欺。布帛長短同，則賈相若；麻縷絲絮
輕重同，則賈相若；五穀多寡同，則賈相若；屨大小同，則賈相
若。曰：「夫物之不齊，物之情也。或相倍蓰，或相什百，或相
千萬；子比而同之，是亂天下也。巨屨小屨同賈，人豈為之哉？
從許子之道，相率而為偽者也，惡能治國家？」

「今也南蠻鴃舌，非先王之道」一語，是孟子譏許行，蓋許行主君民並
耕，為農家者流，與孟子學說不同，此純為各人學術思想而言，猶孟子之評
墨子、楊朱為禽獸然。由知「南蠻鴃舌」乃斥異言者之辭。

二、夷狄戎蠻之文化探討

前述諸夏對夷狄戎蠻之批評，包含「政治」、「主觀」、「惡意」等作
用及意識。均不足據以言其非，尤不足據以斥其文化「落後」。蓋文化只有
「不同」之分而無「落後」、「進步」之別，我謂彼為落後，彼亦可謂我為
落後。蓋彼有我無，彼能我不能，彼用之以富國強兵，我用之則不以為然。

蓋一國有一國國情，一國有一國民情，一國有一國地理環境，是故我之能，不能強求人亦能，我之是亦不能冀其人亦是。蓋我之能，人不以為能，我之是，人亦不以為是，居住「中原」人士，自以為農業文化優於遊牧文化，實則不然，著者頗同意札奇斯欽教授之論斷：「人類看到自然現象中的籽粒下落、發芽、生長和結實，久而久之，就知道了下種和收穫。這是以植物為對象的行動，是比較簡單，而易於操作的。相反的，游牧則是仔細的對動物作觀察，要了解他們的性格，並要大批的野生動物，馴養成為家畜，讓他們接受人類的支配。這是以動物為對象的行動，其困難和技術，恐怕都比原始農業須要更多的智慧和訓練。」若干學者動輒以與中原禮俗不合而鄙斥夷狄，殊不察其生活方式不同，禮俗自然有別。戎狄夷蠻幼習騎射，彎弓牧獵，終日與禽獸為伍，或馳騁草原，或出沒山野，或跋涉沙漠，飲食起居既如此，禮儀習俗自另有以適應生活環境之特殊「美德」，其治國治民之道，偶或為諸夏所不及。茲就史籍所載，例舉其「文化」如次：

《史記·秦本紀》載云：

> 戎王聞秦穆公賢，使由余觀秦，秦穆公示以宮室積聚，由余曰：「使鬼為之，則勞神矣。使人為之，亦苦民矣。」穆公怪之，問曰：「中國以詩書禮樂法度為政，然尚時亂，今戎夷無此，何以為治，不亦難乎？」由余曰：「此乃中國所以亂也。夫自上聖黃帝，作為禮樂法度，身以先之，僅以少治。及其後世，日以驕淫。阻法度之威，以責督於下，下罷極，則以仁義怨望於上，上下交爭怨而相篡弒，至於滅宗，皆以此類也。夫戎夷不然。上含淳德以遇其下，下懷忠信以事其上，一國之政猶一身之治，不知所以治，此真聖人之治也。」

所云「上含淳德以遇其下，下懷忠信以事其上」，正所以道出戎狄文化道德之高，故僖公廿四年《左氏傳》謂戎狄「口不道忠信之言為嚚，狄皆則之」，顯為誣枉之言。不然，何以孔子亦說「夷狄之有君，不如諸夏之亡也。」

《後漢書·東夷傳》載云：

徐夷僭號，乃率九夷以伐宗周，西至河上。穆王畏其方熾，乃分東方諸侯，命徐偃王主之。偃王處潢池東，地方五百里，行仁義，陸地而朝著卅有

六國。穆王後得驥騄之乘,乃使造父御以告楚,令伐徐,一日而至。於是楚
文王大舉兵而滅之。偃王仁而無權,不忍鬥其人,故致於敗。乃北走彭城武
原縣東山下,百姓隨之者以萬數,因名其山為徐山。

《通志‧東夷序略》亦同,所云:「徐夷行仁義,陸地而朝者卅有六國
……偃王仁而無權,不忍鬥其人。」足亦反映夷狄文化道德之高。

《通志‧東夷序略》載云:

> 夷有九種,曰畎夷、千夷、方夷、里夷、白夷、赤夷、玄夷、風
> 夷、陽夷。九夷率皆土著,喜飲酒歌舞,或冠弁衣錦,器用俎
> 豆,所謂中國失禮求之四夷者也。……夏后氏太康失德,夷人始
> 畔,自少康已後,世服王化,遂賓於王門,獻其樂儛。

所云夷人既「喜飲酒、歌舞、冠弁衣錦、器用俎豆」,而又向「中央」
獻其樂舞,足見其生活水準之高,社會安定有序,故孔子嘗謂:「吾欲居九
夷」。

《國語‧周語上》載云:

> 穆公將征犬戎,祭公謀父諫曰:「不可,先王耀德不觀兵。
> ……」天子曰:「予必以不享征之,其無乃廢先王之訓而王畿頓
> 乎?吾聞夫犬戎樹惇,帥舊德而守終純固,其有以禦我矣。」

所云「犬戎樹惇」注謂「言犬戎立性惇樸」;所云「帥舊德而守終純
固」注謂「言犬戎循先王之舊德,奉職常識,天性專一,終身不移。」均足
以反映戎狄德性之平和。

《史記‧匈奴傳》載云:

> 兒能騎羊,引弓射鳥鼠;少長,則射狐菟。士力能彎弓,盡為甲
> 騎。……其長兵則弓矢,短兵則刀鋌。利則進,不利則退。……
> 隨時轉移,故其急則人習騎射,寬則人樂事,其約束輕,易行
> 也。君臣簡易,一國之政猶一體也。

此固因所處地理環境與乎生活習俗使然,究其實,純為一「軍國主
義」,上下一體,全民皆兵,其富國強兵之道,遂為鄰近之趙武靈王所仰
慕,而不顧國人反對,毅然「胡服騎射」,使其國強盛一時。

按:趙武靈王即位之後,深感趙國處境惡劣,乃曰:「今中山在我腹

心，北有燕，東有胡，西有林胡、樓煩、秦、韓之邊，而無強兵之救，是亡
社稷，奈何？夫有高世之名，必有遺俗之累，吾欲胡服。」對武靈王之「欲
胡服」，公子成卻持保守意見：「臣聞中國者，蓋聰明徇智之所居也，萬物
財用之所聚也，賢聖之所教也，仁義之所施也，詩書禮樂之所用也，異敏技
能之所試也，遠方之所觀赴也，蠻夷之所義行也。今王舍此而襲遠方之服，
變古之教，易古人道，逆人之心，而怫學者，離中國，故臣願王圖之也。」
但武靈王決心已定，認為「夫服者，所以便用也；禮者，所以便事也。聖人
視鄉而順宜，因事而制禮，所以利其民而厚其國也。夫翦髮文身，錯臂左
衽，甌越之民也。黑齒雕題，卻冠秫絀，大吳之國也。故禮服莫同，其便一
也。鄉異而用變，事異而禮易。是以聖人果可以利其國，不一其用；果可以
便其事，不同其禮。儒者一師而俗異，中國同禮而教離，況於山谷之便乎？
故去就之變，智者不能一；遠近之服，賢聖不能同。窮鄉多異，曲學多辯。
不知而不疑，異於已而不非者，公焉而眾求盡善也。今叔之所言者，俗也；
吾所言者，所以制俗也。吾國東有河、薄洛之水，與齊、中山同之，無舟楫
之用。自常山以至代、上黨，東有燕、東胡之境，而西有樓煩、秦、韓之
邊，今無騎射之備。故寡人無舟楫之用，夾水居之民，將何以守河、薄洛之
水；變服騎射，以備燕、三胡、秦、韓之邊。且昔者，簡王不塞晉陽以及上
黨，而襄王并戎取代以攘諸胡，此愚智所明也。先時中山負齊之強兵，侵暴
吾地，係累吾民，引水圍鄗，微社稷之神靈，則鄗幾於不守也。先王醜之，
而怨未能報也。今騎射之備，近可以便上黨之形，而遠可以報中山之怨。」
此段理論，縱觀「天下」形勢，鑑古策今，擇善固執，衝破傳統，誠開明
而識時務之主也。然朝中仍有反對者，武靈王再曰：「先王不同俗，何古之
法？帝王不相襲，何禮之循？虙戲、神農教而不誅，黃帝、堯、舜誅而不
怒。及至三王，隨時制法，因事制禮。法度制令，各順其宜；衣服器械，各
便其用。故禮也不必一道，而便國不必古。……循法之功，不足以高世；法
古之學，不足以制今。……」武靈王理由說盡，再不顧任何反對，遂下令胡
服、招騎射。於是二十年略中山地，林胡王獻馬；廿一年攻中山，中山獻四
邑請和；廿三年、廿六年再攻中山，再三年，遂滅中山，終除腹心之患。

　　《竹書紀年》武乙卅五年載云：

　　「周公季歷伐翳徒之戎，獲其三大夫來獻。」

桓公六年《傳》載：

「北戎伐齊，鄭救之，獲其二帥大良、少良，甲首三百，以獻於
齊。」

莊公二十八年《傳》載：「晉伐驪戎，驪戎男女以驪姬，歸生奚
齊……」所云「驪戎男」之男爵。

文公七年《傳》載：

狄侵我西鄙，公使告于晉。趙宣子因使賈季問酆舒，且讓之。酆
舒問於賈季曰：「趙衰、趙盾孰賢？」對曰：「趙衰，冬日之日
也；趙盾，夏日之日也。」按：酆舒乃狄人之宰相。

《史記·匈奴傳》載：

「……其世傳國官號乃可得而記云。置左右賢王，左右谷蠡王，
左右大將，左右大都尉，左右大當戶，左右骨都侯。匈奴謂賢曰
屠耆，故常以太子為左屠耆王。自如左右賢王以下至當戶，大者
萬騎，小者數千，凡廿四長，立號曰萬騎，諸大臣皆世官。」

由以上史料觀之，知戎狄亦乃有組織之團體，有「宰相」、「王」、
「大夫」、「男爵」、「大良」、「少良」、「大將」、「大都尉」、「大
當戶」、「骨都侯」等官稱官制。此種組織或有一部份不為城郭國家所取，
但適合遊牧民族地區，此故為戎狄與諸夏在「文化」上之不同處。

《禮記·明堂位第十四》載云：

昧，東夷之樂也；任，南蠻之樂也。納夷蠻之樂於大廟，言廣魯
於天下也。

《禮記·王制第五》載云：

中國夷蠻戎狄，皆有安居、和味、宜服、利用、備器。

《史記·匈奴傳》載云：

其法，拔刀尺者死，坐盜者侵入其家；有罪，小者軋，大者死。
獄久者不滿十日，一國之囚，不過數人。

由上引史料觀之，知戎狄有「禮樂」，有「生活的律」，重「法治」。

其「樂」，其「法」，其「生活方式」，因其所處地理環境之特殊，故異於諸夏。誠如元·陳澔所云：「俗雖不同，亦皆隨地以資其生，無不足也。」

三、先秦時代所謂「民族主義」之闡釋

前已述及，黃帝「撫萬民、度四方」；堯「親九族」；舜、禹「舞干羽」、「執干戚」以服三苗；商修內政，問疾吊喪，遠方重譯而至者七十餘國；周「修其教，不易其俗；齊其政，不易其宜」，此皆本天下一家，四海之內皆兄弟也。惟始自春秋，盛行「攘夷」政策，然「攘夷」之目的在「尊王」；「尊王」之目的又欲「稱霸」，其純為「政治」作用可知，然若干學者謂春秋之世，諸夏與戎狄交侵為「民族主義」及「民族政策」，其所依據理由如下：

隱公七年《公羊傳》：

> 凡伯者何？天子之大夫也。此聘也，其言伐之何？執之也。執之則其言伐之何？大之也、曷為大之？不與夷狄之執中國也。

莊公十年《公羊傳》云：

> 荊者何？州名也。州不若國，國不若氏，氏不若人，人不若名，名不若字，字不若子。蔡侯獻舞何以名？絕，曷為絕之？獲也，曷為不言其獲？不與夷狄之獲中國也。

僖公四年《公羊傳》云：

> ……何言乎喜服楚？楚有王者則後服，無王者則先叛。夷狄也，而亟病中國，南夷與北狄交。中國不絕若線，桓公救中國，而攘夷狄，卒帖荊，以此為王者之事也。……

僖公廿一年《公羊傳》云：

> 執執之？楚子執之。曷為不言楚子執之？不與夷狄之執中國也。

昭公廿三年《公羊傳》云：

> 此偏戰也，曷為以詐戰之辭言之？不與夷狄之主中國也。……

哀公十三年《公羊傳》云：

> 吳何以稱子？吳主會也。吳主會，則曷為先言晉侯？不與夷狄之
> 主中國也。……

上引公羊家所云「不與」二字，學者釋為「不許」或「不承認」之意，即不承認夷狄主中國；不許夷狄執中國。然就史實本末探之，《公羊》之言純屬個人「主觀」而又係「臆測」意識。茲依次論述於次：

(1)隱公七年《經》載：「戎伐凡伯于楚丘以歸」一事，《左傳》言之甚明：「初，戎朝於周，發幣於公卿，凡伯弗賓。冬，王使凡伯來聘。還，戎伐之於楚丘以歸。」按：戎人一片忠心，朝見周桓王，並呈獻布帛給公卿們做禮物，而凡伯故意輕視，不用賓禮接待，戎遂懷恨在心，因乘凡伯聘使魯國歸途中將其獲歸，咎由凡伯自取，故《春秋》經傳書「戎伐凡伯」，其所以言「伐」者，應屬「討伐有罪」之意。《春秋》中之用「伐」、「侵」、「盟」、「會」、「討」以及「王」、「公」、「侯」、「伯」、「人」等諸字均甚為公平允當，無厚「諸夏」而薄「夷狄」之分。是「不與夷狄之執中國也」一語，非《春秋》之意，乃《公羊》之「臆測」也。

(2)莊公十年《經》載：「荊敗蔡師于莘，以蔡侯獻舞歸」一事，《左傳》言之亦明：「蔡哀侯娶于陳，息侯亦娶焉。息媯將歸，過蔡，蔡侯曰：『吾姨也。』止而見之，弗賓。息侯聞之，怒，使謂楚文王曰：『伐我，吾求救於蔡而伐之。』楚子從之。秋九月，楚敗蔡師于莘，以蔡侯獻舞歸。」按：此為蔡國與息國間事，且蔡侯、息侯同娶婦於陳，又恰為連襟，只因蔡侯對小姨不禮，息侯乃計陷楚文王伐蔡，因執蔡侯。由是視之，若《春秋》之「筆」，應貶息侯、蔡侯。息侯尤重之。然《春秋》僅直書其事，《左傳》闡述其事，獨《公羊》：「曷為不言其『獲』，不與夷狄之獲中國也。」非其「臆測」為何？

至於《穀梁傳》：「荊者，楚也。何為謂之荊？狄之也。何為狄之？聖人立，必後至。天子弱，必先叛，故曰荊，狄之也。」按：《春秋經》雖於此首書「荊」，然亦首見「荊」於《春秋經》，是難斷「荊」字為楚之「貶」詞。《左傳‧莊公四年》有「楚武王荊尸」一語，所云「荊尸」乃係指楚國陣列軍隊之方式。其後莊公十四年，《春秋經》又書「秋七月，荊入蔡。」此事《左傳》言之甚明：「蔡哀侯為莘故，繩息媯以語楚子。楚子如

息，以食入享，遂滅息。以息媯歸，生堵敖及成王焉。未言，楚子問之，對曰：『吾一婦人，而事二夫，縱弗能死，其又奚言。』楚子以蔡侯滅息，遂代蔡。秋七月。楚入蔡。」由見前此楚之伐蔡，為息侯所陷。今楚之滅息，又為蔡侯所陷，終於楚又入蔡，是乃蔡侯自取。故《左傳》引《商書》：「惡之易也，如火之燎于原，不可鄉邇，其猶可撲滅者。」而評之曰：「其如蔡哀侯乎！」莊公十六年《春秋經》又書：「秋，荊伐鄭。」此事《左傳》亦言之甚明：「鄭伯自櫟入，緩告于楚。秋，楚伐鄭，及櫟，為不禮故也。」莊公廿三年《春秋經》又書：「荊人來聘」。莊公廿八年《春秋經》又書：「荊伐鄭」。此事《左傳》記載：「楚令尹子元欲蠱文夫人，為館於其宮側而振萬焉，夫人聞之，泣曰：『先君亦是舞也，習戎備也。今令尹不尋諸仇讎，而於未亡人之側，不亦異乎！』御人以告子元，子元曰：『婦人不忘襲仇，我反忘之。』秋，子元以車六百乘伐鄭。」自此以後即不見「荊」字書於《春秋》，而以「楚」字書之。

　　按：《說文》：「荊，楚木也，從草，刑聲。」《公羊傳·莊公十年》：「荊者何，州名也。」《史記·吳太伯世家·索隱》注：「荊，楚之舊號。」由見「荊」字非貶詞。然《穀梁》於莊公十年評曰：「荊，狄之也。」而復於莊公十四年評曰：「荊者，楚也，其曰荊何？州舉之也。」豈非前後矛盾？是故「荊」乃代表楚之舊號，其所以先稱荊，蓋因此時版圖尚小，不過一「州」之地爾，其後國勢強，屢與中原諸國爭衡，因乃稱楚。《說文》：「楚，叢木也，一名曰荊，從林，疋聲。」又曰：「楚，荊木也。」《淮南子·人間訓》：「楚，大荊也。」故楚字義為廣大之貌。

　　(3)《左傳·僖公四年》記載：齊桓公與管仲率領諸侯南伐楚國，楚使責以「君處北海，寡人處南海，唯是風馬牛不相及也。不虞君之涉吾地也，何故？」管仲乃以「包茅不入，昭王不復」向楚問罪，楚使對曰：「貢之不入，寡君之罪也，敢不共給。昭王之不復，君其問諸水濱。」齊桓公無話以答，乃將聯軍駐紮陘地。《左傳》又載：「夏，楚子使屈完如師。師退，次于召陵。齊侯陳諸侯之師，與屈完乘而觀之。齊侯曰：『豈不穀是為？先君之好是繼，與不穀同好，如何？』對曰：『君惠徼福於敝邑之社稷，辱收寡君，寡君之願也。』齊侯曰：『以此眾戰，誰能禦之？以此攻城，何城不克？』對曰：『君若以德綏諸侯，誰敢不服？君若以力，楚國方城以為城，

漢水以為池，雖眾，無所用之。』屈完及諸侯盟。」由這段記載來看，齊桓公仗著當年太公享有「專征」之權，為遂其霸業，率諸侯伐楚，楚既承認「包茅不入是寡君之罪」，而又應允與齊和好，桓公還要仗著聯軍之多威脅楚國，真乃名符其實之「霸者」。屈完不亢不卑，維護楚國尊嚴，不愧優良外交幹才。至於《春秋經》：「楚屈完來盟于師，盟于召陵」中之「盟于師」即《左傳》楚子先使「屈完如師」，然後「盟于召陵」，此為記載一事之順序。而公羊家卻云：「……其言盟于師、盟于召陵何？師在召陵也。師在召陵，則曷為再言盟？喜服楚也。何言乎喜服楚？楚有王者則後服，無王者則先叛。夷狄也，而亟病中國，南夷與北狄交。中國不絕若線，桓公救中國而攘夷狄，卒帖荊，此為王者之事也。」茲以此事論事，楚既未動兵，「南夷與北狄交」從何言之。桓公雖率諸侯兵至楚，卻不敢伐楚，「君若以德綏諸侯，誰敢不服？君若以力，楚國方城以為城，漢水以為池雖眾，無所用之。」故終乃盟于楚，實際未伐楚，所謂「桓公救中國而攘夷狄」，乃係指北伐山戎，救燕國；退狄人，援邢、衞。其與南威楚國實不可混為一談。綜觀此事之經緯，桓公僅能勉強與楚會盟而已，且會盟之地點在楚境，故實際上猶齊桓公率諸侯以「從」楚，非以「服」楚也。《公羊》所謂「喜服楚」顯與史實不符。誠如郝氏敬云：「桓公稱霸廿餘年，諸侯力能抗齊不受盟者，惟秦與楚，秦遠而楚近，楚屈，則東諸侯震，而齊益張，故桓公拳拳以楚為事，而心畏楚之強也，故先舉蔡，嘗楚以示諸侯，而次于陘，夫次陘無必進之志矣，何以知其然也，齊果能討楚，於楚使來，當首問其稱王，問其伐鄭，問其虜蔡侯之罪，有辭止，無辭進，服則止，不服則進，此堂堂問罪之師矣。釋此不言，枝梧遠引，包茅不貢，昭王不復，是明借以易托之詞，恐逢彼之怒，至戰而自損也，陳師以出，未踐郢郊，未覿楚子，僅僅屈完一來，遂振旅歸，歸未踰年，而楚滅弦矣，踰年，又圍許矣，自召陵後，同盟有事，未聞楚一介一旅從，其桀驁如故也，齊何嘗能服楚耶。」

(4)僖公廿一年《春秋經》：「秋、宋公、楚子、陳侯、蔡侯、鄭伯、許男、曹伯會于盂，執宋公以伐宋」。經文中未書明何國「執宋公」，《公羊》乃謂：「孰執之？楚子執之，曷為不言楚子執之？不與夷狄之執中國也。」然據《左傳》載云：「廿一年春，宋人為鹿上之盟，以求諸侯於楚，楚人許之。公子目夷曰：『小國爭盟，禍也。宋其亡乎，幸而後敗。』」又

載云：「秋，諸侯會宋公于盂。子魚曰：『禍其在此乎？君欲已甚，其何以堪之？』於是楚執宋公以伐宋。冬，會于薄以釋之。子魚曰：『禍猶未也，未足以懲君。』」由見宋襄公欲繼齊桓公而稱霸，約楚會盟，楚既不服強齊，焉肯服小宋，是以「執之」。此純為春秋強者為爭奪勢力範圍之舉，孔子貶之，乃就「該與不該」，非「中國不中國」，《公羊》每以「夷狄」目之，非孔子之意，乃《公羊》之主觀意識也。胡傳曰：「執宋公者，楚子也，何以不言楚子執之？分惡於諸侯也。諸侯皆在會，拱手以聽，而莫之敢違，其不勇於為義亦甚矣，故特列楚子於陳蔡之上，而以同執為文。……宋以乘車之會往，而楚伏兵車以執之，則宋直楚曲，其義已明。雖以匹夫，自反而縮，猶不可恥，矧南面之君也哉。然《春秋》為賢者諱，宋公見執，不少隱之，何也？夫盟主者，所以合天下之諸侯，攘荊楚，尊王室者也，宋公欲繼齊桓之烈，而與楚盟會，豈尊王室之義乎，故宋公於鹿上之盟，而盂之會，直書其事而不隱，所以深貶之也。」又趙氏匡曰：「此楚執爾，其以諸侯，執之之辭，何也？譏諸侯也。南面之君，兵馬非不多也，力非不足也，而聽荊楚執辱盟主，故譏之。宋公德不足懷，虞不及遠，而求諸侯以及於難，故罪之。」又湛氏若水曰：「宋公不智，楚不義，五國之君不勇，交譏之。」上引三氏之言，皆較《公羊》為勝，頗合《春秋》之義。

　　(5)昭公廿三年《春秋經》：「戊辰，吳敗頓、胡、沈、蔡、陳、許之師于雞父。胡子髡、沈子逞滅，獲陳夏齧。」《左傳》記其經過曰：「吳人伐州來，楚薳越帥師及諸侯之師，奔命救州來，吳人禦諸鍾離。子瑕卒，楚師熸。吳公子光曰：『諸侯從於楚者眾，而皆小國也。畏楚而不獲已，是以來。吾聞之曰：作事威克其愛，雖小必濟。胡、沈之君幼而狂，陳大夫齧壯而頑，頓與許、蔡疾楚政。楚令尹死，其師熸，帥賤、多寵，政令不壹。七國同役而不同心，帥賤而不能整，無大威命，楚可敗也。若分師先以敗胡、沈與陳，必先奔。三國敗，諸侯之師乃搖心矣。諸侯乖亂，楚必大奔。請先者去備薄威，後者敦陳整旅。』吳子從之。戊辰晦，戰于雞父。吳子以罪人三千先犯胡、沈與陳，三國爭之。吳為三軍以繫於後，中軍從王，光帥右，掩餘帥左。吳之罪人或奔或止，三國亂，吳師擊之，三國敗，獲胡、沈之君及陳大夫。舍胡、沈之囚使奔許與蔡、頓，曰：『吾君死矣。』師譟而從之，三國奔，楚師大奔。」《左傳》並認為經文「胡子髡、沈子逞滅，獲陳

夏齧。」乃「君臣之辭也。」而《公羊》對此事又評之曰：「此偏戰也，曷為以詐戰之辭言之？不與夷狄之主中國也。然則曷不使中國主之？中國亦新夷狄也。其言滅獲何？別君臣也，君死于位曰滅，生得曰獲，大夫先死皆曰獲，不與夷狄之主中國也，則其言獲陳夏齧何？吳少進也。」《公羊》每評一事，不忘「夷狄」二字，其「民族」成見與乎優越感之深可想而知。按是役，乃吳國先往伐楚國，楚始帥諸軍以禦之，而家氏鉉翁卻謂「楚為戎首」，經文中不書楚乃「不與楚以主諸侯也」。其實，楚雖帥諸侯軍以救州來，但因吳國公子光對當時楚國與諸侯之情形分析清楚，採用「各別擊破」之戰略，並先縱因犯對「幼而狂，壯而頑」之胡、沈、陳用兵，使其自亂陣腳，然後乘勢以大軍擊之，三國既敗，楚亦聞勢以逃，吳因滅胡、沈，而獲陳國夏齧。實際吳國並未跟楚國交戰，故《春秋》不書楚國，是《公羊》之「不與夷狄之主中國也」；家氏鉉翁之「不與楚以主諸侯也」皆脫離事實之臆測。

(6)哀公十三年《春秋經》：「公會晉侯及吳子于黃池。」《左傳》云：「夏，公會單平公、晉定公、吳夫差于黃池。」《公羊傳》對此事評之曰：「吳何以稱子？吳主會也。吳主會，則曷為先言晉侯？不與夷狄之主中國也。」《穀梁傳》云：「黃池之會，吳子進乎哉！遂子矣。吳，夷狄之國也。……」陸氏淳曰：「據《左氏》有單平公，而不書於經者，緣吳、晉敵禮而會，如今賓主對舉酒，自然單子無坐位，故不書，且經文有及字，是兩伯之義分明也，《公羊》乃云：是為會主。與經不同不足取也。」

按：《史記·吳太伯世》家，吳之先世本周太王之子。又《史記·晉世家》，晉之先世乃周武王之子。是吳、晉同宗、同姓，故吳、晉之會乃兄弟國之會。經文及《左傳》均未言明何國為主會，誠如趙子曰：「經文中有及字」，孔子之義在此，非《公羊》所云：「不與夷狄之主中國也。」，而《穀梁》所立「吳，夷狄之國」亦非也。

前述公羊家所云「不與夷狄之主中國」，除隱公七年一事係對「戎人」所言外，餘三事對楚所言，二事對吳所言。按《史記·楚世家》：「楚之先祖出自帝顓頊高陽，高陽者，黃帝之孫昌意之子也。」〈吳太伯世家〉：「吳之先世，周太王之子也。」是吳、楚與中原諸夏皆同宗同種。或謂楚王熊渠曾自謂：「我南夷蠻，不與中國通。」乃是楚王見此時王室衰微，諸侯

相伐不朝，楚又得江漢之富，陰得其民和，因別有意圖，故自謂其「不與中國通之蠻夷」，俾遂其志而已。又楚武王卅五年，楚伐隨，隨曰：「我無罪。」楚曰：「我蠻夷也，今諸侯皆為叛，相侵或相殺，我有敝甲，欲以觀中國之政，請王室尊吾號。」此正明顯道出楚國之野心，表示「我蠻夷也」可以不遵守禮法之意。故春秋學者視「吳、楚」為夷狄，純以「禮法」觀點而言，非真「民族主義」也。

(7)後世講《春秋》「夷、夏」之防，多以孔子為代表。其實孔子不僅讚美夷狄（夷狄之有君，不如諸夏之亡也。）而且還想居位於夷狄（吾欲居九夷）。更云：「先進於禮樂，野人也；後進於禮樂，君子也。如用之，則吾從先進。」按文中之「野人」即指「戎狄」而言，而「戎狄」原即「夏人」，只是周朝時被稱為「戎」而已。誠如王國維在〈鬼方、昆夷、玁狁考〉中所云：「中國之稱之也，隨世異名，因地殊號，至於後世，或且以醜名加之。其見於商周間者，曰鬼方、曰昆粥、曰獯粥。其在宗周之季，則曰玁狁。入春秋後，則始謂之戎，繼號曰狄。戰國以降，又稱之曰胡、曰匈奴。」本書前此言之已詳。司馬遷對古代夷狄戎族均列入〈匈奴傳〉中述之，尤強調「匈奴，夏后氏之苗裔也。」故春秋戰國所稱戎狄皆與「夏后氏」有關。秦始皇《琅玡刻石》有云：「北過大夏，人跡所至，無不臣者。」所謂「大夏」即指匈奴所居之地，亦即夏遺民所居之地。匈奴至晉時尚不忘本，如晉時十六國中，匈奴赫連勃勃背符秦稱「大夏天王」是也。

若干學者泛指「華夏」為「中原」之族，實則「華」為「中原」之族，「夏」則為邊族。《左傳·襄公十四年》引戎子駒支之言：「我諸戎飲食衣服不與華同」可證。一般習慣僅有「華夷」並稱，少見「夏夷」並稱，章太炎《別錄》有「夏本族民，非邦國之號」一語，蓋部份「夏」民自殷商以降，轉徙南北各地後被目為「夷狄」矣，而留住「中原」者則稱「諸夏」，商雖滅夏，然以取夏文化之故，自亦以「諸夏」自居，周人以「西夷」之名進入中原後「喧賓奪主」亦採「諸夏」之名，反稱多徙之真正夏民為「夷」人。故「華、夏」猶「華、夷」對稱，然民族本質未變，《左傳·閔公元年》稱「諸夏」，杜注「華、夏皆中國也。」此說至宋時亦然，司馬光《資治通鑑》卷六十九〈文帝黃初二年〉，光論及「正統」問題時有言：「雖華夏仁暴，大小強弱，或時不同，要皆與古之列國無異，豈得獨尊獎一國謂之

正統，而其餘皆為僭偽哉！」文中所稱「華夏」之夏，顯即指「夷」而言。

　　至於孔子嘗答子貢之問曰：「管仲相桓公，霸諸侯，一匡天下，民到于今受其賜，微管仲吾其被髮左衽矣。」乃孔子贊美管仲「一匡天下」使王室正統得以繼續維繫，實現其「大一統」之理想政治，所云「被（披）髮」，乃係指長髮者而言，當年夏禹即蓄長髮，鬻子謂夏禹「一饋而十起，一沐三捉髮，以勞天下之民。」周公亦然，《史記・魯周公世家》載：「我一沐三捉髮，一飯三吐哺，起以待士，猶恐失天下之賢人。」〈宋微子世家〉箕子曾「被髮佯狂為奴」。故長髮非獨夷狄之俗，孔子之意乃在「披」而不加「修飾」，一如今之「嬉皮、披頭」之類，孔子重禮，故厭惡之也。所云「左衽」即「左襟左交」，亦本夏朝人之服式，夏亡，其遺民或南放，或北徙，自然將「長髮」、「左衽」之俗帶至邊疆，至孔子之時，已歷一千數百年，「中原」與「邊疆」自然由「同」而「異」，各成習俗，是「被髮」、「左衽」僅是代表另一地區社會習俗之特殊象徵，它不一定「不開化」，亦不一定「落後」，甚至有其適應環境之需要。誠如李亦園在〈邊疆民族概述〉一文中所云：「文化人類學家強調文化的價值是相對的，也就是說每一個民族文化的各種因素只能站在該文化的立場作判斷，而不能以他一文化的觀點來說它的好壞。一個民族的某一特殊風俗，在他一民族看來是奇特甚至不道德或野蠻的，但在該一民族中是最合乎道德標準或最有社會功能的因素。所謂『家有弊帚，享之千金』是也，蓋別人以為是弊帚，在自己的家中卻有特殊功用。每一種風俗的存在，都有以看作是該民族用以克服環境，保衛個人，繁殖種族的方法，別的民族沒有那種特殊環境和傳統，自然不需要那一習俗。」如前述「左衽」即為邊疆遊牧民族之服（蓋夏民仍多以遊牧為主），周人稱之為「胡服」，胡服輕便，利於騎射作戰、打獵，此正所以適應其特殊環境和傳統。然此種特殊地區之「文化」有時亦為他一地區所需，如前述趙武靈王「胡服騎射」是也。由見文化僅有「異同」而無「優劣」。是故孔子曰：「夷狄進入中國則中國之，諸夏進入夷狄則夷狄之。」從孔子著述中，吾人探討孔子之「正名」思想，乃知孔子不僅主張「攘夷」而且亦「抑諸侯」。例如魯宣公十六年，晉國滅赤狄甲氏及留氏，而《春秋》書曰：「晉人滅赤狄甲氏、留氏。」將晉國貶稱為「人」，可見孔子之公正，絲毫沒有「厚此薄彼」之觀念。誠如家氏鉉翁曰：「晉滅路氏，則曰討有罪

也。既滅之矣，而復用師不已，是必窮極黨類，盡滅之而後已，夫豈仁人之所忍為，故書人以貶之。楚人圍宋，坐視不救，諉曰：鞭長不及馬腹，又滅路氏，又滅甲氏、留吁，可以而不已，志存乎逐利，而不能赴人之急，謂諸侯何？」

　　或又引孔子在夾谷會上「裔不謀夏，夷不亂華」之言，認為是孔子為當時「民族主義」之排外信條。按：《左傳·定公十年》云：

> 夏，公會齊侯于祝其，實夾谷。孔丘相，犁彌言于齊侯曰：「孔某知禮而無勇，若使萊人以兵劫魯侯，必得志焉。」齊侯從之。孔丘以公退，曰：「士兵之！兩君合好，而裔夷之俘以兵亂之，非齊君所以命諸侯也。裔不謀夏，夷不亂華，俘不干盟，兵不偪好。於神為不祥，於德為愆義，於人為失禮，君必不然。」齊侯聞之，遽辟之。……

《穀梁傳》云：

> ……頰谷之會，孔子相焉。兩君就壇，兩相相揖。齊人鼓譟而起，欲以執魯君。孔子歷階而上，不盡一等，而視歸乎齊侯，曰：「兩君合好，夷狄之民何為來為？」命司馬止之。……

　　從這兩段記載，乃知齊侯欲以俘得之萊夷，劫持魯侯，孔子除立即命司馬阻止外（士兵之），並責備齊侯如此假夷狄之名劫持會盟之君，顯為不當。所云「裔不謀夏，夷不亂華，俘不干盟，兵不偪好」之語，純指責齊侯之失禮失策，故齊侯事後亦責左右「獨率我而入夷狄之俗。」至於「裔不謀夏，夷不亂華」之語，是孔子當時對邊疆民族之稱贊，謂其「不謀夏，不亂華」，吾人若「言忠信，行篤敬，雖蠻貊之邦行矣。」故孔子更主張「有教無類。」孔子諸弟子中有「狄黑」其人（按：狄黑實為周之血支。羅蘋註《路史》云：「《唐表》云：成王封母弟孝伯於狄城，為狄氏。孔子弟子有狄黑。《廣韻》云：春秋狄國之後。」）吳其昌氏更考證凡《春秋》中之「左人氏」皆白狄種也。但吳氏所例舉之楚人如秦裔、公孫龍、任不齊、吳人子游、秦人壤泗赤、秦祖等皆為夷狄。吳氏更引《孟子》：「陳良，楚產也，悅周公仲尼之道，北學於中國。」因為以陳良為夷狄人。此蓋認定秦、楚兩國是夷狄之國。楚國被認為是夷狄之國，乃因楚王嘗自云「我蠻夷」之

故（已於前述）。至於秦國之所以亦目之為夷狄，乃是自魯僖公卅三年時，秦國因遠襲鄭國而為晉國及姜戎聯合敗於殽地後，遂為公羊家所譏，始乃有「夷狄」被稱。《公羊傳・僖公卅三年》云：

> 其謂之秦何？夷狄也。曷為夷狄之？秦伯將襲鄭，百里子與蹇叔子諫曰：「千里而襲人，未有不亡者也。」秦伯怒曰：「若爾之年者，宰上之木拱矣，爾曷知？……」

由見《公羊》稱秦為夷狄，是以其千里而襲鄭，不聽百里奚等之勸諫，且乘晉喪襲其從國，故目為無道。然而欲襲鄭者乃秦穆公之獨斷獨行，非全秦人所欲也，公羊家可以貶穆公為夷人，焉貶整個秦國為夷人乎。又《穀梁傳》亦云：

> 不言戰而言敗，何也？狄秦也。其狄之何也？秦越千里之險入虛國，進不能守，退敗其師，徒亂人子女之教，無男女之別。秦之為狄，自殽之戰始也。……

由見《公羊》、《穀梁》稱秦為「夷狄」，純係貶詞，非「民族」主義。又正如《公羊傳・成公十五年》所云：「曷為殊會吳？外吳也。曷為外也？春秋內其國而外諸夏，內諸夏而外夷狄。王者欲一乎天下，曷為以外內之辭言之？言自近者始也。」由於吳國僻處東南，楚國在江南，秦國在西方均不在「中國」，故外之也，此乃由近及遠以達王者統一天下之目的，今之學者輒不錄《公羊》全文，僅謂「春秋內諸夏而外夷狄」者，及「團結」（內）諸夏，「排斥」（外）夷狄，是「濃厚的民族主義」。前已述及楚、秦與周皆同祖，吳、周更同宗，就「政治」立場而言固「排」之，就「民族」立場言，何排之有？又如老子為苦人，莊子為蒙人，就地區而言，皆為淮夷人，鄒衍則為東夷人，文王西夷之人，舜東夷之人，許由「南蠻鴃舌」之人（《孟子》）。又《書經》謂殷為「戎殷」，孔子嘗自謂殷人之後，是孔子亦為戎人矣。若謂《春秋》「嚴夷夏之防」，則孔子置己於何地？若文王為西夷人，則周之同姓國如晉（周成王弟）、鄭（周屬王子）、魯（周公旦子）、衛（周武王弟）、蔡（周武王弟）等亦皆夷國矣，則「諸夏」究屬何指？

結論

　　上古邊疆民族與中央及諸夏之關係，雖已如上所述，然斯乃一輪廓之「素描」，聊供治邊者之參考而已。著者「意見」已散見各章，茲不贅述，是耶？非耶？敬候專家教正，惟《春秋》之義，中國既可以退為夷、狄，而夷、狄亦可以進為中國，因而「天子於四夷，若天地養萬物，覆載安全之。」自然不存「非我族類」之芥蒂矣，則「四海一家」豈非千古治邊之至理乎。

參考書目（以參考引用先後為序）

《書·堯典》　　　　　　　《書·禹貢》

《孟子·離婁》　　　　　　《大戴·千乘》

《公羊傳》　　　　　　　　《禮記·王制》

《白虎通》　　　　　　　　《說文》

《淮南子·原道訓》　　　　《辭源》

《左傳》　　　　　　　　　《穀梁傳》

《周禮·大司馬》　　　　　《周禮·職方氏》

《魏元丕碑》　　　　　　　《前漢書·匈奴傳》

《後漢書·東夷傳》　　　　《魏書》

《易象下傳》　　　　　　　《風俗通》

《詩毛傳》　　　　　　　　《書·牧誓》

《孟子·滕文公上》　　　　《後漢書·南蠻傳》

《三才圖會》　　　　　　　《玄中記》

《太平御覽》　　　　　　　《藝文類聚》

《古今圖書集成》　　　　　《史記·楚世家》

《論語·八佾》　　　　　　《史記·南越尉陀傳》

《竹書紀年》　　　　　　　《史記·魯周公世家》

《春秋》　　　　　　　　　《史記·匈奴傳》

《後漢書·西羌傳》　　　　《史記·吳太伯世家》

《墨子·節葬》　　　　　　《爾雅·釋地》

《北史列傳八十》　　　　　《禮記·明堂位》

《史記·西南夷傳》　　　　《三國志》

《晉書》　　　　　　　　　　《宋書》

《南齊書》　　　　　　　　　《梁書》

《陳書》　　　　　　　　　　《北齊書》

《南史》　　　　　　　　　　《北史》

《隋書》　　　　　　　　　　《唐書》

《新唐書》　　　　　　　　　《五代史》

《宋史》　　　　　　　　　　《元史》

《明史》　　　　　　　　　　《通典》

《遼史》　　　　　　　　　　《金史》

《通志》　　　　　　　　　　《文獻通考》

《史記・五帝本紀》　　　　　《路史》

《前漢書・地理志》　　　　　《帝王世紀》

《史記・夏本紀》　　　　　　《史記・始皇本紀》

《淮南子・墜形訓》　　　　　《歷代疆域表》

《史記・蘇秦列傳》　　　　　李符桐〈邊疆歷史〉

周昆田〈邊疆歷史概說〉　　　吳其昌〈秦以前華族與邊裔民族
　　　　　　　　　　　　　　關係的借鑑〉

《孟子・梁惠王》　　　　　　《後漢書・南蠻傳》

《書・舜典》　　　　　　　　《山海經・海外南經》

《淮南子・修務訓》　　　　　趙鐵寒〈舜禹征三苗考〉

《戰國策・魏策》　　　　　　《國語・晉語》

《通鑑外紀》　　　　　　　　《逸周書》

《莊子・盜跖》　　　　　　　《詩經・碩鼠》

《賈誼新書》　　　　　　　　梁玉繩《史記志疑》

蔣觀雲《中國人種考》　　　　《易・既濟爻辭》

《易・未濟爻辭》　　　　　　　　《詩・大雅》

《後漢書・章帝紀》　　　　　　　王國維〈鬼方考〉

《史記・齊太公世家》　　　　　　《書・武成》

《書・仲虺之誥》　　　　　　　　《書・牧誓》

《史記・周本紀》　　　　　　　　《書・旅獒》

《史記・晉世家》　　　　　　　　《國語・周語》

《詩・六月》　　　　　　　　　　《詩・采》

江永《春秋地理考》　　　　　　　趙鐵寒〈春秋時期的戎狄地理分
　　　　　　　　　　　　　　　　佈及其源流〉

《國語・魯語》　　　　　　　　　《史記・秦本紀》

《史記・趙世家》　　　　　　　　《史記・匈奴傳》

徐中舒〈陳侯四器考釋〉　　　　　《史記・田敬仲完世家》

《山海經・大荒北經》　　　　　　陳槃〈春秋時代的大荔、翟貘之
　　　　　　　　　　　　　　　　戎〉

鐵大昕《通鑑注》　　　　　　　　干寶《晉紀》

陸次雲《峒谿纖志》　　　　　　　劉介《苗荒小紀》

劉錫蕃《嶺表紀蠻》　　　　　　　《昭平縣志》

《連州志》　　　　　　　　　　　《桂梅虞衡志》

《粵西偶記》　　　　　　　　　　《廣東通志》

盛襄子〈湖南苗猺問題考述〉　　　沈作乾〈畬民調查記〉

何聯奎〈畬民文化〉　　　　　　　劉節《中國古代宗族移殖論》

《呂氏春秋》　　　　　　　　　　《荀子・議兵篇》

《淮南子・兵略訓》　　　　　　　《書・大禹謨》

《韓非子・五蠹篇》　　　　　　　《鹽鐵論》

《韓詩外傳》　　　　　　　　　　《淮南子・氾論訓》

《說苑·君道》　　　　　　　　　《大戴禮·五帝德》

孔穎達《尚書正義》　　　　　　　杭世駿《史記疏證》

彭友生《秦史》

楊述曾《歷代通鑑輯覽》　　　　　《御批通鑑》

《史記·殷本紀》　　　　　　　　《尚書大傳》

《詩經·采薇》　　　　　　　　　《史記·鄭世家》

《史記·燕召公世家》　　　　　　李宗侗《春秋左傳今注今譯》

《史記·魯周公世家》　　　　　　《孟子·滕文公上》

《史記·六國表》　　　　　　　　李亦園〈邊疆民族概述〉

札奇斯欽〈塞北遊牧民族與中原
農業民族間和平戰爭與貿易關係
緒言〉

《史記·宋微子世家》　　　　　　《鬻子》

《潛夫論》　　　　　　　　　　　胡耐安《邊疆民族志》

芮逸夫《中國民族及其文化論稿》

《古史辨》

《先秦史研究論集》

彭友生《新民族史觀》

國家圖書館出版品預行編目資料

古代邊疆民族與中央及諸夏之關係 / 彭友生著
--初版--臺北市：蘭臺，2016.10　冊；　公分
ISBN 978-986-6231-55-1（精裝）
1.民族志 2.邊疆民族 3.民族關係

536.2　　　　　　　　　　101023147

中國上古史研究叢刊 4

古代邊疆民族與中央及諸夏之關係

作　　者：彭友生

美　　編：成貴理

封面設計：林育雯

編　　輯：張加君

出 版 者：蘭臺出版社

發　　行：蘭臺出版社

地　　址：台北市中正區重慶南路一段121號8樓之14

電　　話：（02）2331-1675 傳　真：（02）2382-6225

E—MAIL：books5w@yahoo.com.tw或books5w@gmail.com

網路書店：http://www.bookstv.com.tw , http://store.pchome.com.tw/yesbooks/
　　　　　　http://www.books.com.tw 博客來、華文網路書店、三民書局

總 經 銷：成信文化事業股份有限公司

劃撥戶名：蘭臺出版社帳號：18995335

網路書店：博客來網路書店http：//www.books.com.tw

香港代理：香港聯合零售有限公司

地　　址：香港新界大蒲汀麗路36號中華商務印刷大樓

C&CBuilding，36，Ting，Lai，Road，Tai，Po，New，Territories

電　　話：（852）2150-2100傳真：（852）2356-0735

總 經 銷：廈門外圖集團有限公司

地　　址：廈門市湖裡區悅華路8號4樓

電　　話：86-592-2230177　傳 真：86-592-5365089

出版日期：2016年10月初版

定價：新臺幣600元整（精裝）

ISBN：978-986-6231-55-1